问话的技术

吴学刚 编著

德宏民族出版社

图书在版编目（CIP）数据

问话的技术 ／ 吴学刚编著 . -- 芒市 ：德宏民族
出版社，2020.6
ISBN 978-7-5558-1300-2

Ⅰ．①问… Ⅱ．①吴… Ⅲ．①语言艺术－通俗读物
Ⅳ．① H019-49

中国版本图书馆 CIP 数据核字 (2020) 第 077222 号

书　　名：问话的技术			
作　　者：吴学刚　编著			

出版·发行	德宏民族出版社	责 任 编 辑	尹丽蓉
社　　址	云南省德宏州芒市勇罕街 1 号	责 任 校 对	赵洪亮
邮　　编	678400	封 面 设 计	U+Na 工作室
总编室电话	0692-2124877	发 行 部 电 话	0692-2112886
汉 文 编 室	0692-2111881	民 文 编 室	0692-2113131
电 子 邮 箱	dmpress @ 163.com	网　　址	www.dmpress.cn
印 刷 厂	永清县晔盛亚胶印有限公司		

开　　本	145mm×210mm　1/32	版　　次	2020 年 6 月第 1 版
印　　张	7	印　　次	2020 年 6 月第 1 次
字　　数	150 千字	印　　数	1-10000 册
书　　号	ISBN 978-7-5558-1300-2	定　　价	38.00 元

如出现印刷、装订错误，请与承印厂联系调换事宜。印刷厂联系电话：13683640646

前　言

俗话说，"说得好不如问得好。"恰到好处的提问，能够贴合对方心理，从而赢得对方的好感。提问，在整个人际沟通中，发挥着不可替代的作用。或许，应该说当人们开始学会用语言交流，就诞生了提问。

在生活中，总会有人问"为什么对方总是拒绝我？""为什么我一直无法顺利做事情？"其实，与其强势地说服对方，不如学会提问的艺术，让人在不知不觉间被自己的问题引导。因为问题不仅仅帮助你问出答案，其中还隐含着说服的成分。换言之，好的问题比命令更有效，只要善于掌握提问的技巧，就可以得心应手，从而解决很多生活中和职场上的"疑难杂症"，甚至好的问题还能够促使别人做出改变，达到影响身边人的目的。

在沟通过程中，为了有效地促进交流的顺利进行，必须经过提问和回答这一环节。那么，适当的提问以及灵活地回答对方提出的问题，这就是说话之道了。沟通是两个人的互动，也就是彼此交换想法和意见，共同体验谈话带来的愉悦感。但是，"如何恰到好处地提问""如何巧妙而又灵活地回答对方的问题"却是大多数人担心的问题，一旦提问不当、回答出错，就有可能导致整个谈话的失败。不过，面对这样的难题，我们应该首先问自己：你善于提问吗？

善于提问，往往会为沟通锦上添花。所以，提问的技巧也是非常重要的。那么，如何才能掌握提问的技巧呢？其妙处在于提问的语言表达方式。很多时候，有些人所提的问题太笼统，或者所提的问题没有实质性的意义，究其原因都是因为其没有使用恰当的表达方式，没有抓住问题的关键。在日常沟通中，问与答成为最常见的方式，在大多数人的思维里，做出良好的回答方能实现有效的沟通，然而他们都忽略了在沟通中善于提问才是最主要的。毕竟，善于提问，可以令自己处于沟通的主导地位，从而更利于整个沟通朝自己所设想的方向靠近。而且，善于提问，往往能够敲开成功的大门。

本书结合大量工作、生活中的真实场景，帮助读者培养提问的意识、拓宽提问的思路、提升提问的水平，进而帮助读者通过富有技巧性的提问来提高沟通效率，让你可以问到关键之处。巧妙提问往往比长篇大论表露真心更容易触动对方。希望通过此书，每个读者都能够学会聪明地提问，让人生因会提问而更精彩。

目　录

第一章 社交提问术——好人缘来自好问题

第四章 职场提问术——说得好不如问得好

第五章 营销提问术——问题对了好成交

目 录

第一章

社交提问术

——好人缘来自好问题

　　提问是一门艺术，是否提出好问题，需要智慧作支撑。你是否获得你想要的答案或挖掘出优质的答案，在大多数时候取决于你提问的方式。当然，一个精彩的提问，可以诱发人们的思考，给人以启迪，甚至可以吸引众多的眼球和掌声。

1. 交谈中提问的技巧

人与人交谈离不开提问。精妙的提问不仅可以使你获得信息和知识，同时还可帮助你了解对方的需要和追求，从而达到人与人之间的沟通、交流和互助，促成事业的成功。但是，同样的一个要求，若用不同的语言提问，收到的效果肯定不一样。

用什么样的语言提问才能达到沟通的效果呢？

（1）注意因人而异。

俗话说，到什么山唱什么歌。同样，提问也应见什么人发什么问。这是因为：

①人有男女老幼之分，该由老人回答的问题，向年轻人提出就不合适，该向男性提出的问题，也不能叫女性来回答。如果对一位正感年华似流水、老之将至的女士提出一个看似很平常的问题："您今年多大年龄？"尽管你毫无恶意，也定会惹得她恼怒不已。

②每个人都有自己独立的性格色彩。有人性格外向、性情直率，对任何问题几乎都能谈笑风生，畅所欲言；有人寡言好思，情绪不外露，但态度比较严肃；也有人讷于言辞，孤僻自卑，对任何问题都很敏感，甚至有点神经质。对性格外向的人，尽管什么问题都可以提，但必须注意提得明白，不要把问题提得不着边际，否则很容易使谈话"走题"；对寡言好思的人，要开

门见山，简洁明了，提问要富有逻辑性，尽量提那种"连锁式"问题。比如："你为什么会这样呢？""后来呢？"等等。这样可以促使他源源不断、步步深入地谈下去；对那种敏感而又讷于言辞的人，要善于引发，不宜一开始就提冗长、棘手的问题，通常以他喜欢的话题，由浅入深，据实发问，启发他把心里话说出来，但必须注意，决不能向他提出令人发窘的问题。

③人的知识水平和所处的社会环境各有千秋。因此必须仔细观察、了解对方身份，把问题提得得体，不唐突、莽撞。如果你跑去问一名并不熟悉烹饪技术的宇航飞行员，应该如何烹制才能使做出的菜美味可口，就肯定不会如愿以偿。这表明，提出的问题必须根据对方的知识水平、职业情况及社会地位等进行合理分配，该问甲的不要问乙，该问乙的不要问丙。

（2）掌握最佳时机。

提问并不像逛大街、上市场那样随时都可进行，有些问题时机掌握得好，发问的效果才佳。

有两个过去很要好的朋友都刚刚走上工作岗位，一个偶然的机会他们相遇了，互相询问："你们单位待遇怎样？你工资多高？谈恋爱了吗？"显得既亲热自然又在情理当中。但是，如果一位姑娘经人介绍与一位从未见过面的小伙子谈恋爱，公园门口两人准时赴约了，沉默了一会儿，姑娘抬起头来问："你谈过恋爱吗？工作轻松吗？工资多少？"其结局就可想而知了。

一般来说，当对方很忙或正在处理急事时，不宜提琐碎无聊的问题；当对方正专心欣赏音乐、文娱节目或体育比赛时，不宜提与这首音乐、这场文娱节目或体育比赛无关的问题；当对方伤心或失意时，不宜提太复杂、太生硬、会引起对方不愉快的问题；当对方遇到困难或麻烦，需要单独冷静思考时，最好不要提任何问题。

　　（3）问题提得具体。

　　那种大而泛的问题，往往叫对方摸不着头脑，因而也就不可能回答好。相反，问题具体了，可以引导对方的思路，从而得到满意的回答。

　　（4）讲究逻辑顺序。

　　如果你要就某一专题性问题去请教别人，则必须按事物的规律，先从最表面、最易回答的问题问起，或者先从对方熟悉的事问起，口子开得小些，然后逐渐由小到大，由表及里，由易到难提出问题，并注意前后问题间的逻辑性，这样才有助于问题的逐步深入并便于对方回答，不至于一开口便为难卡壳。同时，也有助于自己理解对方的谈话，便于从中总结出规律性的东西。

　　（5）保持灵活态度。

　　发问不仅仅是口才的问题，还是一个人的思维能力问题。提出一个问题后，你要仔细聆听对方的谈话，并注意观察对方谈话中的一切细节，积极开动脑筋，去发现新的问题、新的疑点，并立即抓住，追问下去，弄个水落石出。此外，你还要注意对方回答问题的态度，一旦发现他避开某些东西，你可以打断他的话，试探他的反应，也可以用眼睛带着双关的意义盯住他，持续一段时间，直到使他变得不安为止。这时，他往往会在无意中脱口说出你最希望得到的东西。

（6）准备多种提问方式。

同一个问题，必须准备多种提问方式。提问方式一般分以下几种：

正问：开门见山，直接提出你想了解的问题。

反问：从相反的方面提出问题，令其不得不回答。

侧问：从侧面入手，通过旁敲侧击，迂回到正题上来。

设问：假设一个结论启发对方思考，诱使对方回答。

追问：循着对方的谈话，打破砂锅问到底。

应该知道，不是任何人一开始就愿意如实回答你所提的问题的，他们往往用"无可奉告""我也不太清楚"等词来推托你的问题。所以，应该准备多种提问方式。当他坚决表示无话可说时，你就装成误解了他的样子，转而用另一种方式提问，如此反复。如果他拒绝回答，你可以设想一个令其为难的结论，请他指导，一旦他开了口，你就可以步步进逼，追问到底了。

（7）措辞要得体。

为了表达明确，避免造成麻烦和误解，提问时仔细选词择句是很重要的，我们必须寻求最佳的表达方式。诸如"你有什么理由可说？"这类问题，很容易引起对方的不快，但如果换一种措辞，如"你对此事有何感想？"就可以使谈话继续下去。

（8）语气和语调亲切自然。

必须时刻记住，对任何人提任何问题都要努力制造一种亲切友好、轻松自然的气氛，绝对不可以用生硬的或审讯的语气和语调，否则不但容易影响对方的情绪，还会破坏双方之间的关系，导致提问的彻底失败。

2. 营造良好的提问氛围

在正式沟通开始之前，双方所进行的就是寒暄、入座，有的人认为这不过是最简单的程序，不过就是打个招呼，彼此入座吗！其实这样简单考虑的人往往会在这点上吃亏。提问尚未开始，意味着整个沟通的基调都将从这里开始，气氛是缓和还是紧张，全靠那几句寒暄话。高明的提问者往往会以简单的几句话就能奠定良好的沟通氛围，而那些缺乏好口才的提问者则通常一两句话就让整个场面变得尴尬。因此在沟通正式开始之时，作为提问者要善于说几句好话，积极营造和谐愉快的氛围。我们所说的寒暄，也就是打招呼，这是人与人之间建立语言交流的方法之一。通过彼此的寒暄，会让陌生的人相互认识，让不熟悉的人变得熟悉，让冷冷的气氛变得活跃起来，更为双方进行深入的交谈架设桥梁，达到顺利沟通的目的。

一位漂亮的女士在首饰店的柜台前看了很久。售货员问了一句："这位女士，您需要买什么？""随便看看。"女士的回答明显缺乏足够的热情。不过，售货员发现这位女士总是有意或无意地触摸自己的上衣，好像对自己的上衣很是满意，售货员忍不住夸奖说："您这件上衣好漂亮呀！您的眼光真不错，请问您在哪里买的？"如此一下子就将话题拉到了对方身上，果然，"啊？"女士的视线从陈列品上移开了，移到了自己感兴趣的上衣上面，"这种上衣的款式很少见，是在隔壁的百货大楼买的吗？"售货员满脸热情，笑呵呵地继续问道。

"当然不是，这是从国外买来的。"女士终于开口了，并对自己的回答颇为得意。"原来是这样，我说在国内从来没有看到这样的上衣呢！说真的，您穿这件上衣，确实很吸引人。""您过奖了。"女士有些不好意思了。"只是……对了，可能您已经想到了这一点，要是再配一条合适的项链，效果可能就更好了。"聪明的售货员顺势切入了主题。"是呀，我也这么想，只是项链这种昂贵商品，怕自己选的不合适……"

在案例中，首饰店自然是卖首饰的，而首饰自然是作为服饰搭配的。在整个与客户交流的过程中，导购很细心地去观察对方，而且巧妙地将话题引入寒暄之中，比如"这位女士，您需要买点什么？"当听到顾客爱理不理地说"随便看看"，导购并没有泄气，而是适时说了一句寒暄语："您这件上衣好漂亮呀！您的眼光真不错。请问您在哪里买的？"显而易见，称赞对方的上衣，肯定是希望对方能挑选一件首饰作为服饰的搭配。所以，这样的提问恰到好处地将对方引进话题中，当然，最后这位导购达到了自己的目的。

　　沟通气氛是双方之间的相互态度，它可以影响对方的心理、情绪和感觉，从而引起相应的反应。可以说，沟通气氛对整个提问过程具有十分重要的影响，其发展变化将直接影响整个沟通。比如，相对热烈、积极的、合作的气氛会将沟通朝着达成一致协议的方向推进。在沟通一开始，假如我们能说几句妙语，灵巧提问，那就会让双方有一种"有缘相知"的感觉，彼此都愿意有好的合作，都愿意在合作中共同受益。沟通中的哪一方控制住了开局的气氛，那么，某种程度上就等于控制住了对方。

　　　　东南亚某个国家的华人企业想要为日本一著名电子公司在当地做代理。华人企业代表发现日方代表喝茶取茶杯的姿势十分特别，于是他说："从您喝茶的姿势来看，您十分精通茶道，能否为我们介绍一下？"没想到这句话正好点中日方代表的兴趣所在，于是他滔滔不绝地讲起来。结果，后面的沟通进行得异常顺利，那个华人企业终于拿到了他所希望的地区代理权。

　　营造良好的沟通氛围可以缓解沟通中的紧张情绪，增进人们的感情。在良好的氛围下，人们更容易被尊重，也更容易获得支持与关注，而且，良好的氛围更容易达成一致的协议。

　　（1）态度要诚恳。

　　作为沟通的一方，在正式交流之初，你需要通过语言表达出内心的诚恳，表示自己很愿意达成最后的协议，希望本次沟通能取得好的成果。通常只要对方感受到了你态度的诚恳，一般都会以同样的态度对待，这样和谐融洽的氛围就形成了。

（2）语言尽量委婉含蓄。

不管你所需要达成什么样的沟通目标，在与对方交谈时也尽量使用含蓄委婉的语言，以和为贵，力图为后面沟通的顺利进行营造良好的氛围和条件。有的人一见面就直言直语，心中的喜怒情绪暴露无遗，若是在这时说一些破坏气氛的话，那肯定会对整个沟通产生极为不利的影响。

（3）用自己的态度感染对方。

在提问过程中，我们要学会重视对方，比如，是否积极的与对方有眼神接触？是否在认真地听对方说话？是否及时地回答对方的问题，给予对方反馈？是否积极地用身体语言告诉对方，你对他的话题很感兴趣？我们要让对方感到自己的重要性，满足对方的虚荣心，适时赞美对方，只有这样才能感染对方，让对方的情绪放松，从而成功营造宽松和谐的氛围。

3. 用"问题攻势"占据上风

日常沟通中的双方不会都站在同一个层面，有时候对方有可能经历比我们丰富，学历比我们高，我们在这样的场合会非常没有自信，总是觉得己不如人。萌生这样的想法，就会不时地通过谈话透露出来，就会限制我们的观念和意见的表达，使自己处于下风，就会让我们在谈话内容中涉及的观念和意见不攻自破。怎么让自己在对话中处于上风？这就需要掌握一个技巧——问题攻势。如果你想在和对方的谈话中占上风，就应该提前准备很多估计对方根本回答不上的问题，连续向他发问。对方回答不了这些问题，当你看到对方面露难色的时候，你肯定能逐渐平静下来，恢复自信，这样你就占了上风。

在一期《面对面》节目中，王志采访的是刚从中东归来的水均益。

王志：我很冒昧地问一句，你喜欢战争吗？

水均益：作为一个人，我不喜欢。

王志：那作为记者？

水均益：作为记者，我觉得应该说是比较喜欢的。

王志：我听说很多消息都是来源于国内，然后再给你返还过去？

水均益：应该说有相当的一部分，这也是一个现实情况。

王志：那这样一来，去巴格达还有什么意义呢？

水均益：但是你是在风暴中心，你是在整个这场战争最核心的地方。

王志：当你冒着生命危险去采写这些新闻的时候，你会不会怀疑它的价值？

水均益：我不怀疑。

王志：我这样追问你，可能有很多人骂我，因为我没有去巴格达……

　　毫不讳言，王志的很多问题都是会激起被采访者强烈的反击意识的，但正是这种激发，让被采访者展现了自己最真实、最深层次的内心，尽可能地还原真实。面对刚从战场上归来的水均益，王志的提问猛看上去有点儿"说风凉话"的嫌疑，但是仔细分析就会发现，他的尖锐很好地把握了一个度，那就是激起对方的"斗志"，但是不至于"决斗"。就如同高明的教练懂得如何在大赛来临前将选手的状态调整到最佳，但绝不会调过了，到了正式比赛时反而失去了最佳状态一样，王志的提问也是如此。

　　当然，不可否认，王志的提问很尖锐，但是他的尖锐则恰恰问到了点子上，他所问的问题，正好都是观众最想知道的。王志曾说，我们的节目更需要讲述者，而不是非此即彼的英雄或罪人。

　　《新闻调查》有一本条文极其详尽的内部工作手册，其中对记者有这样的要求：可以通过简单的采访完成对事件的叙述，可以用机智的对话完成对事件的调查和印证，也可以用尖锐的提问深入事件更深的层面，还可以用平等真诚的交流进入被调查者的内心世界。

　　王志的武器正是他尖锐而又真诚的提问。要做到尖锐，并不是一定要站在被采访者的对立面，更不是仇视。相反，要想让对方说出心里话，采访者首先要做到和被采访站在一起，"只有职业的采访者，没有职业的被采访者。我要做的是配合他，引发他的倾诉欲，我的姿态永远是配合的。"王志说，"首先，不做一个让人讨厌的人；然后，做好一个倾听者，要听，不能忘了任务是什么；第三步，选择什么样的时机提问，有了好的落点，就会水到渠成。"

中央电视台曾罕见地开过一个王志作品研讨会，王志的采访风格被同行们称作"质疑"风格。他对此表示同意："我认为质疑是揭示真相的捷径。"王志犀利的质疑态度以及带着细节提问、探究对方心灵的精神，是他能够真正走进被采访者心里，打开对方心门的犀利武器。

奥莉亚娜·法拉奇是意大利著名的女记者，也是当代最伟大的女性之一。她曾经采访过无数的政府要人，深入无数战火纷飞的战场进行实地采访。法拉奇称得上是真正的说话高手，在西方，"法拉奇式的采访"受到许多人的崇拜。她最自豪的也是自己的高超说话术，这些成就使她荣冠"政治记者之母"的美名。

她成功的秘诀在哪里呢？

就在于她善于运用机关枪一样的"问题攻势"来对付各种被采访者的诡辩，从而稳占上风。法拉奇曾经说过，"我的秘诀是开门见山地打开气势，然后给对方最致命的一击。"

伊朗的宗教领袖霍梅尼，谁也不敢轻易得罪这位老者。法拉奇第一次采访霍梅尼时，见面的第一句话便是："我要告诉你，先生，你是伊朗的新沙皇。"

在采访这位脾气古怪的老头之前，为了尊重对方的宗教习俗，她不得不违心地穿上伊朗妇女的传统装束，身披长纱，把全身包裹得像一个密实的大粽子。

但法拉奇却一直认为，存在于服饰后面的不单是保持一种古老习俗的问题，而是关系到女性的政治地位问题，她内心对这种以宗教之名而行强迫之实的做法非常不满，但为了顺利采访到这位宗教领袖，她还是穿上了这种服装。

霍梅尼被这位泼辣的女记者的第一句话给击中了要害，内心恼怒不已，但法拉奇装出满不在乎的样子继续说："先生，我被人强迫穿上这身衣服来见你，你明白强迫的含义吗？请你告诉我，你为什么强迫那些妇女遮掩自己，把丰满的躯体隐藏在既不舒服也不漂亮的服装里，让妇女们无论工作或是行走都极不方便？在你的国家，妇女们和男子是平等的，她们和男子一样参加战争、受训、坐牢、工作、革命，但为何待遇却是如此不平等？"

霍梅尼是高高在上的人物，何曾让人当面责备过。而法拉奇的谈话策略又相当高明，一见面就迅速出击，可以从服饰深入到人权和尊严等话题。

霍梅尼被她的语言攻击逼急了，以致说话毫无章法可循，他平时傲视一切的作风不见了，取而代之的是语气有些偏激的怒气："法拉奇小姐，你必须记住这样的事实：对革命有贡献的妇人，无论过去还是现在，都是那些穿着伊斯兰服装的女人，而不是像你这般装束的怪女人，涂脂抹粉毫不遮掩地到处招摇，像只蝴蝶般引来一大群心怀不轨的男人尾随在后。你要知道，在大街当众展现自己脸蛋和身材的女人是不会和国家并肩作战的，她们只知道安逸享乐，从来不懂得为国家分忧。她们不知自爱，用自己的身体把男人迷得神魂颠倒、心猿意马，甚至于姐妹之间还为男人争风吃醋破坏情谊。"

法拉奇立刻抓住对方谈话中的"弱点"所在，对方不从正面与她讨论人权的问题，而将她的注意力引向别的论点上，因此她毫不示弱地反驳说："这不是事实。我并非单指衣服，而是指它所代表的意义，也就是妇女们被歧视的现状。革命以后的妇女们，只能再回到那顶'破帐篷'里过生活，她们不能到大学里深造，也不能到海滩上享受阳光，她们如果要游泳，也必须从另一处照不到阳光的地方下水，并且还要披上长纱，如果是你，披着一件长纱能否畅快地游泳呢？"

霍梅尼忍不住气恼地说："这不关你的事情，这是我们的风俗，如果你不喜欢伊斯兰教的服装，你没有必要穿上它，因为伊斯兰服装是替贤淑的妇女准备的。"

法拉奇马上站起来说："谢谢你的提议，既然得到你的首肯，我现在就要脱下这身可笑的、中世纪的、呆板的粗布……"

法拉奇不愧是"政治记者之母"，当她单刀直入地攻击对方的"心理弱点"时，霍梅尼已经处于下风，只有千方百计的诡辩，不但只讲衣服本身，不涉及政治问题，又乱无章法地说女性现代服装是如何没有道理，结果反被法拉奇一击而倒，最后在访谈中尝到败北的滋味。

看来，机关枪一样的问题攻势在适当的时候不仅能让你占据上风，而且还能收到良好的效果，可谓是一个很好的必胜之法。

4. 面带微笑的提问更动人

在沟通过程中的提问，并不是板着脸孔的提问，就好像严肃的老师向学生提问。这样的提问表情，只会令对方心生反感，更加不把你的问题放在心上。提问，指的并不是简单地将问题用生硬的语气提出来，而是还需要配合适宜的表情和语气，这样的提问才会更加真挚动人。在沟通过程中，人们的提问总是不足的，表现不尽如人意。有的提问磕磕巴巴，话不连贯；有的声音发颤，语不成句；有的词不达意，不知所云。而有电视台主持人在提问对，一拿起话筒，面对摄影机，脸上便会露出一副深情款款的表情，就好像在表演诗朗诵般，让人疑惑他是不是在演出。恰如其分的提问，应该是做出与语境相配合的表情、动作，在声音方面也需要配合当时的语境，这样才能让提问更加动人，对方也才容易被这样的提问所打动。

提问，不仅仅是将问题提出来，而是需要思考如何才能打动对方，让对方主动向我们敞开胸怀，袒露自己的心事。提问的目的就是希望能听到对方的回答，如果我们的提问被对方拒绝回答，那就宣告我们提问的失败。

一位富商的太太想换一辆车，于是开着原来那辆破旧的老车来到一家汽车销售店。销售员们看见她衣着寻常，又开着一辆破车，因此都表现得不积极热情，销售主管程敏只得亲自上前服务。

"您好，女士，请问您需要我帮忙吗？"程敏热情地打招呼。

"不用，我只是随便看看。"那位太太回答。

程敏带着淡淡的微笑，始终跟在那位太太的身边，虽然不说话，但是却细心观察她的神情变化。当她看见太太的眼睛落在一款新车上突然亮了一下，便马上说："这是今年的最新款式，让我给您介绍一下好吗？"程敏拿出这款车的宣传资料，详细地介绍起车子的性能和优点。那位太太听着，流露出想买的神情，但是眼神间还有一丝犹豫，看来还没有最终下定决心。

"这样吧，您先填写一下客户资料，然后我再根据您的要求给你推荐其他款式的车型好吗？"

那位太太填写了资料，程敏细细地看了一下，叫过一位销售员，在他耳边吩咐了几句，这位销售员出去了，不久后，销售员抱回来一大束鲜花。

"梁太太，今天是您的生日，祝您生日快乐！"程敏递过鲜花，真诚地说。

那位太太奇怪地问："你怎么知道？"

"您填写的客户资料上有。"程敏微微一笑。

梁太太非常感动，她接过鲜花，眼睛微微湿润了，说："在这之前，我已经去过三家4s店了，也都填写了客户资料，但是你是第一个祝我生日快乐的人。谢谢！"

最终，梁太太毫不犹豫地买下了那辆新车，并且后来还介绍不少朋友与客户来这里买车，还和程敏成了好朋友。

对此，如果我们想要一次次有效的提问，那就要把自己融入提问的语境之中，切合语境，配合相应的表情和语调，或微笑，或悲伤，或同情，这样才能让对方愿意将自己想说的说出来。

微笑是让人显得亲和、不造作的重要原因。亲和感，是无障碍沟通的基础；拥有亲和感，是成功沟通的前提。

微笑是与他人共享同一个空间的能力；微笑是交际主体与人交往时所散发出来的让交际对象钦佩、赞赏、认同的高尚品德和人格魅力；微笑是发自内心的一种感染力，是人生性随和、性格淡然、保持平常心的一种表现，让人感觉很面善，很舒服，很自然，大家都喜欢和你说话、合作，不会嫉妒你；微笑是在人与人相处时所表现的亲近行为的动力水平和能力，促使交际主客体凝聚，从而产生和谐的交际意境，使交际更富有人缘魅力。

著名主持人欧阳夏丹做节目时一脸灿烂的笑和两个可爱的小酒窝，让很多观众感觉她像邻家女孩一样亲切、自然、不造作，以亲和、大气的主持风格得到广大观众的喜爱。她自2003年加盟央视经济频道后，主播早间新闻节目《第一时间》，她独特地说新闻的播报方式得到了广大观众的喜爱。她说话干脆得像蹦豆儿一样，彰显着她的性格，也成为她的标志。

有位网友说："我常看这个节目，很喜欢她的主持风格。她的自信和微笑给了我许多勇气来面对一天的生活。"

古人说，淑女笑不露齿。可欧阳夏丹在节目中不但不吝啬她的笑，且与"笑露八颗牙"足有一拼，亲和爽朗的主持风格犹如一股清新的晨风，绝非常人可以招架。平时聊天中，她豪爽的笑声也会将你频频"淹没"，你定会因与她的交谈而拥有一天的好心情。

欧阳夏丹的笑首先给观众传递了友好、亲切、真诚的信息，这也让她能够以一种轻松、自然、率真的姿态表达自己的所思所想。

日常的工作、生活中，一个人对你满面冰霜，横眉冷对；另一个人对你面带笑容，温暖如春，他们同时向你请教一个工作上的问题，你更欢迎哪一个？当然是后者，你会毫不犹豫地对他知无不言，言无不尽，问一答十；而对前者，恐怕就恰恰相反了。而这一细节，却常为人们所忽略。

微笑是盛开在人们脸上的花朵，是一份能够献给渴望爱的人们的礼物。当你把这种礼物奉献给别人的时候，你就能赢得友谊，还可以赢得财富。

一家信誉特好的大花店，以高薪聘请一位售花小姐，招聘广告张贴出去后，前来应聘的人如过江之鲫。经过几番口试，老板留下了三位女孩让她们每人经营花店一周，以便从中挑选一人。这三个女孩长得都如花一样美丽，一个曾经在花店插过花、卖过花，一个是花艺学校的应届毕业生，余下的是一个待业青年。

插过花的女孩一听老板要让她们以一周的实践成绩为应聘硬件,心中窃喜,毕竟插花、卖花对于她来说是轻车熟路。每次一见顾客进来,她就不停地介绍各类花的象征意义以及给什么样的人送什么样的花,几乎每一个人进花店,她都能说得让人买去一束花或一篮花,一周下来,她的成绩不错。

花艺女生经营花店,她充分发挥从书本上学到的知识,从插花的艺术到插花的成本,都精心琢磨,她甚至联想到把一些断枝的花朵用牙签连接花枝夹在鲜花中,用以降低成本……她的知识和她的聪明为她一周的鲜花经营也带来了不错的成绩。

待业女青年经营起花店,则有点放不开手脚,然而她置身于花丛中的微笑简直就是一朵花,她的心情也如花一样美丽。一些残花她总舍不得扔掉,而是修剪修剪,免费送给路边行走的小学生,而且每一个从她手中买去花的人,都能得到她一句甜甜的软语——"鲜花送人,余香留己。"这听起来既像女孩为自己说的,又像是为花店讲的,也像为买花人讲的,简直是一句心灵默契的心语……尽管女孩努力地珍惜着她一周的经营时间,但她的成绩比前两个女孩相差很大。

出人意料的是,老板竟然留下了那个待业女孩。人们不解,为何老板放弃能为他挣钱的女孩而偏偏选中这个缩手缩脚的待业女孩呢?

老板如是说:用鲜花挣再多的钱也只是有限的,用如花的心情去挣钱才是无限的。花艺可以慢慢学，可如花的心情不是学来的，因为这里面包含着一个人的气质、品德以及情趣爱好、艺术修养……

微笑是笑中最美的。对陌生人微笑，表示和蔼可亲；产生误解时微笑，表示胸怀大度；在窘迫时微笑，有助于冲淡紧张气氛和尴尬的境地。微笑是一种健康文明的举止，一张甜蜜微笑的脸，会让人愉快和舒适，带给人们热情、快乐、温馨、和谐、理解和满足。微笑展示人的气度和乐观精神，烘托人的形象和风度之美。

为什么小小的微笑在人际交往中会有如此大的威力？原因就在于这微笑背后传达的信息："你很受欢迎，我喜欢你，你使我快乐，我很高兴见到你。"

5. 巧用悬疑式提问

著名节目主持人蔡康永说："勾引别人继续听你说话，就很像电视剧勾引观众继续看下去用的招式。"电视剧每播出一段，就要进一段广告，而且在进广告之前，画面会停止在最精彩的一刻：男主角赏女主角一记耳光，或者用已经扣动了扳机的手枪指着女主角，或者男主角被坏人打下了山崖。这些悬疑而精彩的故事情节，引发了观众的好奇心，他们都想知道"后来怎么样了"，好奇心促使他们继续看下去。

有这样一个故事：

> 小A上中学时，有一天回家竟然看见妈妈正被一个男人殴打，他仔细一看，这个男人是妈妈的上司。情急之下，小A朝那个男人扑了上去，男人被扑倒了，后脑却狠狠地撞上了桌角，死掉了。故事讲到这里就停止了，可是不断有人问："妈妈后来怎么样了？""小A有被发现杀了人吗？""后来怎么发展下去的？"很多人听了这个故事都会充满好奇，想知道后来怎么样了。对此，我们可以总结说："人必须知道很多事情后来是怎么发展又怎么结束的，因为这是人从原始时代开始，向同伴们学习生存之道的方法。"

每个人都有好奇心，仅仅是利用了"悬疑式"说话方式激发了大家想听下去的欲望。

> 李东是某家房地产公司的销售员，每天的工作就是带着不同的客户到不同的地方去看房子。刚开始的时候，李东的业绩几乎为零。后来，他开始学习提问的技巧，在不断的实践中，慢慢摸索出适合自己的提问方式，那就是让客户去提问。
>
> 这天，李东接待一个新客户，客户是一个典型的80后，比李东还小几岁。见到客户的时候，李东说："我像你这个年纪的时候才刚来北京，从车站出来的时候，我看到高楼大

厦头晕目眩，不知道怎么在北京生存下来，这时我遇到了一个朋友。"说到这里，李东停顿了一下，没再说下去了，他知道客户一定会着急知道后面的故事。

果然，客户问："后来发生什么事情了？"如预期的一样，成功地引发了客户的好奇心。李东说："后来，我在朋友那里借住了两天，在他的帮助下，找到了现在的这份工作。"客户回答说："原来如此。"似乎客户对小张的回答很是满意。

李东说："像你这样年纪轻轻就能够买房的，一定是非常有才能的人，你喜欢什么样的户型呢？"接下来，李东便陪着客户挑选户型，并成功地卖出一套房子，而且还和客户成了无话不聊的好朋友。

悬疑式说话方式取自于悬疑式小说，悬疑小说是一种具有神秘特性的推理文学，可以唤起人们的本能，激起人们的好奇心。无论是悬疑式说话方式还是悬疑式小说，它们的目的都是给听者或读者留下悬念，让他心中产生无数个"后来呢？""主人公后来会怎么样？"等，然后引领他们一步一步地揭开悬念。说话者对环境特定场景的描述引起读者的关注，继而不由得为主人公的处境担忧起来，总想知道"后来怎么样了"，憋在心里的一口气要待到整个事件水落石出才能吐出。

希区柯克，著名导演，其悬念电影闻名世界，比较注重故事的发展过程，注重渲染各种气氛，让观众以更为紧张的心理状态去关注主人公的个人命运，对人类的心理世界有着深刻的体悟，为他们的各种遭遇担惊受怕。由此可见，悬疑式说话最大的特色，就是在于对环境气氛的渲染，它的目的就是让听者兴奋起来，愿意继续听你的话。

（1）巧妙设置悬念。

悬疑式说话最大的特点就是设置悬念，注重调整叙述事情的顺利，注重渲染说话气氛，激发听者的好奇心并迫不及待地想了解后来的情况。如果你对朋友说"今天我在商场看见了刘德华"，旁边的人一定会问"后来呢？"他们想知道你有没有跑过去要签名？刘德华本人帅不帅？刘德华去商场干什么呢？

（2）如何设置悬念。

当然，设置悬念的方式有很多种：以环境叙述为悬念。"大年夜那天冷极了，下着雪，天快黑了，我看见一个小女孩光着脚走在街上"，这时候对方一定会问："这个小女孩是干什么的？""还下着雪，她怎么会光着脚？""大年夜，她为什么不赶快回家过年？"把人物放进这样一个典型的环境中，便紧紧地扣住了对方的心弦。以某场面或某一段情节为悬念。"周瑜施毒计，要诸葛亮10天造好10万支箭，诸葛亮却说只用3天，还立下了军令状"。诸葛亮后来成功了吗？这自然引起对方继续听下去的欲望。

（3）中途停顿。

悬疑式说话的另一大特点就是渲染气氛，这就需要调整语气，适时停顿。如果你像在读课文一样讲述某件事情，对方也许会听得昏昏欲睡。所以，蔡康永建议，当你向朋友转述一件事情的时候，说了几句话或者描述了一个情节，可以先停顿一下，看你朋友会不会问你"后来呢""然后呢"。

（4）如何练习悬疑式说话。

要练习这种悬疑式说话其实很方便。我们建议大家在叙述事情的时候，最好中途停顿，看朋友有没有追问"后来呢"。如果朋友这样追问了，那表示你的叙述事情的方式是吸引人的；如果你停顿了，朋友并没有追问，反而把话题转移开了，这表示你设置的悬念有偏差。这时候我们建议你可以找机会换种方法，把同一件事用别的顺序再讲一遍，看你朋友这次会不会问"后来呢？"

6. 选择好问话的方式

生活中的问话有三种机能：释疑、启发及打破谈话的僵局。

问话要讲究技巧。高明的问话不但使你能达到目的，而且被问的一方也不会感到过分难堪。下面是几种常见的问话形式和方法。

（1）直接型提问。

提问，需要考虑环境及时机。提问者要根据不同的环境和时间用不同的提问方式，有时需要委婉，有时需要直露。直接型提问则属后者。当我们需要对方毫不含糊地做出明确答复时，直接型提问是一种较理想的方式。一般说来，生活中常见于父母对孩子的责问，上级对下级工作的询问。如果交谈者双方关系比较密切而所提问题又不会引起不愉快的后果时，也可以采用这种方式。

直接型提问直来直去，速战速决，节省时间。但一定要注意场合和时机，否则就会事与愿违。

（2）诱导型提问。

直截了当地提问，是要求直接求得答案。但也有一种情况，答者出于知识水平或因与个人利益有利害关系，不急于直答。这时你可以采用诱导型的提问方式。这种发问不是为自己答疑而问，而是为了紧紧吸引对方思考自己的论题，诱导对方接受自己的观点，故意向对方提问。它具有扣人心弦、诱敌深入、以柔制刚、扼喉抚背的效果。

这一问法还可以运用在推销上。一位心理学家调查时发现，一些人在喝可可时有放鸡蛋的习惯。因此服务员发问时，不要问"要不要加鸡蛋"，而应当问"要一个还是要两个"。这样问，多做一个鸡蛋的生意是有可能的。

（3）启示型提问。

这种提问方式重在启示。要想告诉对方一个道理，但又不能直说，通过提问引起对方思考，直至明白某个道理。

老师在批评学生的时候，在指出对方的错误行为之后常常接着问："你觉得这样做对吗？"就是一种启示型提问，此外还可以采用声东击西、欲擒故纵、先虚后实、借古喻今等提问方法。

（4）选择型提问。

提问不同于质问，其目的不是难倒对方。在日常生活中，许多问话只是征求对方的意见，统一对某个问题的看法。这种情形向对方问话时，我们可以用选择型，选择型提问容易造成一个友好的谈话氛围。被提问者可以根据本人的意愿，自由地选择答案。比如：炎热的夏天，你家来了客人，你想给他弄点东西解渴，但又不知道他喜欢什么，你可以这样问他："你是要茶还是咖啡，或是西瓜？"这样，客人选择他自己喜欢的东西，增添了友好的气氛。

（5）攻击型提问。

发问要考虑对象，尤其是被提问者与自己的利害关系。如果对方是自己的不友好者或是竞争对手，这时候提问的目的是为了直接击败对手，你可以采用攻击型提问的方式。里根与卡特在竞选美国总统时有一段精彩论辩。当时，里根向卡特挑战性地提出了这样的问题："每一个公民在投票前都应该好好想一想这样几个问题：你的生活是不是比四年前改善了？美国在国际上是不是比四年前更受尊重了？"里根的提问犹如一磅磅重发炮弹，极富攻击性，在美国选民中激起了巨大波涛。结果在论辩之后，民意测验表明支持里根的人显著上升。攻击型问话的直接目的是击败对手，故而要求这种问话具有干练、明了、利己和击中要害等特点。

（6）迂回型提问。

意大利知名女记者奥里亚娜·法拉奇以其对采访对象挑战性的提问和尖锐、泼辣的言辞而著称于新闻界，有人将她这种独特、富有进攻性的采访方式称为"海盗式"的采访。迂回曲折的提问方式，是她取胜的法宝之一。

在采访南越总理阮文绍时，她想获取他对外界评论他是"南越最腐败的人"的意见。若直接提问，阮文绍肯定会矢口否认。法拉奇将这个问题分解为两个有内在联系的小问题，曲折地达到了采访目的。她先问："您出身十分贫穷，对吗？"阮文绍听后，动情地描述小时候他家庭的艰难处境。得到关于上面问题的肯定回答后，法拉奇接着问："今天，您富裕至极，在瑞士、伦敦、巴黎和澳大利亚有银行存款和住房，对吗？"阮文绍虽然否认了，但为了洗清这一传言，他不得不详细地道出他的"少许家产"。阮文绍是如人所言那般富裕、腐败，还是如他所言并不奢华已昭然若揭，读者自然也会从他所罗列的财产"清单"中得出自己的判断。

阿里·布托是原巴基斯坦总统，西方评论界认为他专横、残暴。法拉奇在采访中，不是直接问"总统先生，据说您是个法西斯分子"，而是将这个问题转化为"总统先生，据说您是有关墨索里尼、希特勒和拿破仑的书籍的忠实读者。"从实质上讲，这个问题同"您是个法西斯分子"所包含的意思是一样的，转化了角度和说法的提问，往往会使采访对象放松警惕，说出心中真实的想法，它看上去无足轻重，但却尖锐、深刻。

（7）"如果式"提问。

首先我们要养成习惯，用"如果"引导的问句问对方能够得到更好的结果的话，就要避免简单用"是的"来回答对方的提问。比如，你给顾客介绍一种产品。顾客问："能做成绿颜色吗？"你知道能，但是你不说"能"，你反而问："你喜欢做成绿颜色的？"顾客通常会回答说："是的。"而后你再问："如果我给你找一件绿色的，你会定购吗？"

"如果"引导的问句把问题又还给了对方。一位代表就是用这种方法从销售经理升到销售主任的。他问总经理怎么做才能被提升为销售主任，然后他用"如果"提问方法，在一定的时间期限内完成所定任务，因此获得提升。

用"如果"这样的句型能产生所希望的结果，我们应养成习惯多用，而不要总以"是的"来简单回答了事。我们可以用做游戏的方式来练习，直到成为自然而然的反应。例如：当家里人请你倒杯咖啡时，你不要说"是的"，而要问"你想喝杯咖啡吗？"他们总是会说"是的"，而后你再说"如果我给你倒咖啡，你能……"你可以提出任何要求作为倒咖啡的条件。

（8）"足够式"提问。

问句中用"足够"这个词非常有效，可以得到对方的同意。例如：

"你觉得下星期一开始就够快的吧？"

肯定回答意味着我们下星期一开始。

否定回答意味着我们要在下星期一之前就开始。

"你觉得十台电脑足够了吗？"

回答说够了意味着十台电脑能满足我们的需要了。

回答说不够意味着还要增加。

这仅仅是最简单的方法，只需稍稍练习就能掌握。

（9）对次要方面提问。

我们如果对一个想法中的次要内容征求他人同意的话，那么也就得到包括对主要内容的同意。例如：

"有了新电脑系统后我们应该配备第二台打印机了吧？"同意配备第二台打印机的人一定在原则上已同意购买新电脑了。

7. 旁敲侧击的提问

一句话的韵味，就在于它让人听了以后还能联想到很多，甚至不断咀嚼不断有新的味道出来。

这样的韵味，也就是我们常说的言外之意。所谓"言外之意"就是"话里暗含着的没有直接说出的意思"。这样的例子在我们的生活中很常见。比如，李大华正在阳台上浇花，楼下的刘阿姨说："小李，你真爱美啊，我晒的被子上也锦上添花了。"刘阿姨的言外之意是，李大华浇花把自己晾晒的被子弄脏弄湿了。

提问过于直接，会让人难堪，但是过于婉转，又得不到自己想要的答案。这个时候，如何把话说得婉转但是深含韵味，言外之意就不失为提问的一个好方法。

中央电视台著名主持人王志向来以提问果断、直率甚至是尖锐出名，他在采访提问时，总是用问题直指对方的内心。每一个问题都像一个钻头，从不同的角度伸向对方的内心深处，为的是能够找出自己、观众想要知道的答案来。但是，这样的提问也要根据对象的不同而有所调整。

在《面对面》专访于丹的一期节目中，王志的提问就比较委婉得体，但是多含有深刻的言外之意，在表面平淡的语言背后深藏玄机。

王志：如果讲《论语》的不是于丹，也可以这么红吗？

于丹：我只是个运动员，这个问题应该问裁判。

这样的问题本身就很有挑战意味，也很尖锐。王志问题的言外之意是：是不是因为《论语》这部众人皆知的经典带红了于丹。而于丹如果回答是，那就贬低了自己，如果回答不是，又有炫耀的成分，所以，干脆不正面回答。因此，于丹话语的意思是"我只负责解读经典，至于讲得好不好应该是观众说了算。"

王志：咱们今天的谈话有没有禁区？

于丹：你就问吧，我既然已经坐在这了。

王志的问题既有一定的挑战意味，也有事先打预防针的味道，言外之意是：我们今天的谈话内容有没有不可以公开的、属于隐私的话题？

事实上每个人都是有禁区的，但是王志这样问，就等于告诉对方：我提前问过你了，和你打过招呼了，但是该怎么问我还得怎么问。

针对最近一段时间于丹不愿在媒体露面，王志说："成也萧何，败也萧何，你不就是媒体成就的吗？"

王志的言外之意是：于丹的成就是因为媒体的宣传。现在为什么又拒绝媒体呢？是不是有些不合情理了？

针对很多单位纷纷邀请于丹去演讲，王志发问："我们很好奇，于丹会讲什么？是不是一支歌唱到黑？"

很显然，这句话中"一支歌唱到黑"的言外之意是：无论在什么场合都讲同样的内容。如果把这句话的主要意思用直白的话表述出来，就是"我们很好奇，于丹会讲什么？是不是就只会讲《论语》？"如果这样直白地提问就有些缺乏尊重了。

王志：今天在风口浪尖上的于丹有这样的心态，但是有一天别人忘记你了，会不会失落呢？

这里说到的"风口浪尖上的于丹"指的是：于丹家喻户晓，并成为人们评论的焦点。

王志：真实的于丹的生活，现在到底是什么样的？

于丹：你觉得我在你这个媒体面前，尽可能呈现出来就是真实吗？

王志：你说的为准。

"你说的为准"，言外之意是，说真话说假话你自己看着办，你自己掂量着办。对媒体来说，自然希望能够得到真话，但是当事人肯定不会将自己的生活呈现在聚光灯下，自然会有所保留。至于说出多少又保留多少，你自己看着办。

面对一个以口才著称的名人，王志这样的对话和提问既深刻又有效地避免了直接冲突。他用迂回的方式，用言外之意侧面敲击，让对方丝毫不敢怠慢。表面上的平淡掩饰的是实质上的尖锐，每一个问题都直指核心。

王志留给观众最深刻的印象就是尖锐，有时候又有点不留情面，让采访对象陷入尴尬、难堪。其实，针对不同的采访对象，王志的提问方式相当灵活。就像面对于丹，更多的是通过言外之意来传达自己的真实意图一样，要达到目的有多条路可以选择。那么，如何才能做到说话蕴藏言外之意，达到旁敲侧击的目的呢？

（1）使用象征手法。

为了避免浅露的说教使对方产生心理抗拒，以致削弱表达效果，说话者可以选取某一富有特征性的具体事物来含蓄地表达与之相似、相近的意念、思想和情感，这就是象征。由于这种象征是凭借具体可感的形象来映现说话者的思想意向和心灵状态的，因而能够最大限度地启发听者的想象力，使他们透过这一象征物象去领会说话者想要传达的丰富的"潜台词"。比如，祖国母亲；青年人是早上八九点钟的太阳等等。

（2）比喻手法。

比喻能使难懂的事理变得通俗易懂。比喻能增强语言形象性和表现力，说话者为了表达某种不易直说的事理，往往可以巧妙地通过设喻的方式进行含蓄的暗示，使听者在形象的感受中领悟这一比喻的言外之意，从而大大丰富语言的思想内蕴。比如，季羡林老先生说："我已经如此老了，但我的道路前方仍有百合花的影子，人生的前方要永远有希望、有温暖才行。"

（3）反语手法。

所谓反语，就类似于"正话反说"或"反话正说"。反语可以在一定程度上适应听者的某种逆反心理，同时具有含蓄的幽默感。比如："外国就是比咱中国好，你看在外国乞丐都穿西装！而且他们都好有学问，都说外语呢！"这句话的言外之意就是批评一些人的崇洋媚外思想。

（4）双关手法。

双关就是让一个词语同时兼有两种意思，表面上说这一个意思，内层里含另一个意思。这种手法可以使语言充满含蓄性和启示力，从而传达出耐人寻味的"潜台词"。王志与于丹的对话中，很多地方用的就是此手法。

（5）反问手法。

反问，就是用问句形式表示对事物的断定，而且只问不答，所要表达的肯定或否定的意思都包含在问句之中，所以问句具有的言外之意，往往体现为从肯定方面问、意在否定，而从否定方面问、意在肯定，这就是反问的"潜台词"效应。运用反问，不仅可以增强语言的气势，而且能够启发听众从言外之意中加深对事理的理解和认识。比如王志问于丹：你不就是媒体成就的吗？

（6）省略手法。

省略，就是说话者在表达某一意思不需要或不可能说尽的时候，就可以运用省略的方式给听者以暗示。因为这种省略是在特定的语境前提下进行的，所以听者很容易由此展开联想，从而领会省略之中暗含的"潜台词"。

8. 提问之前，先来点赞美

人总是喜欢听好听的话，即使明白对方讲的是奉承话，心里还是免不了会沾沾自喜，这是人性的弱点。换句话说，一个人受到别人的赞美，绝不会觉得厌恶，除非对方说得太离谱了。抓住每个人的个性，赞美他的优点，是协调人际关系的有效手段之一。真诚的赞美，会使你获得良好的人际关系，会让你感到其乐融融。

工程师史先生想要降低房租，可他知道房东是相当顽固的，他说："我写信给房东，告称在租约期满后，准备迁出，实际上我并不想迁居，只希望能减低租金，但依情势来看，不会有太大希望，因为许多的房客都失败过，那房东是难以应付的，不过我正在学习如何待人的技巧，因此我决定试验一下。房东收到我的信后，不出几天就来看我，我在门口很客气地迎接他，我充满了和善和热诚，我没有开口就提及房租太高，我开始谈论我是如何的喜欢他这房子，我做的是'诚于嘉许宽于称道'。我恭维他管理房舍的方法，并告诉他很愿意继续住下去，但是限于经济能力不能负担。

"显然，他从未接受过房客如此的肯定和款待，他几乎不知如何是好，于是他开始向我吐露，他也有他的困难，有一位抱怨的房客，曾写过十多封信给他，简直是在侮辱他，更有人曾指责，假如房东不能增加设备，他就要取消租约。

"临走时他告诉我：'你是一个爽快的人，我乐于有你这样一位房客。'没有经过我的请求，他便自动减低了一点租金。我希望再减一点，于是我提出了我的数目，他毫无难色地答应了。当他离开时，还问我有什么需要装修的吗？

"假如我用了别的房客的方法去减低租金，一定会遭遇他们同样的失败，可是我用了友善、同情、欣赏、赞美的方法，使我获得了胜利。"

当然，赞美别人要真心，要恰如其分，不要言过其实，说得天花乱坠，过了头的就不是赞美，而是"拍马屁"了。因人、因时、因地、因场合适当地赞美人，是对别人的鼓励和鞭策。年轻人爱听"风华正茂、有风度"的赞语；中年人爱听"幽默风趣、成熟稳健"的赞语；老年人爱听"经验丰富、老当益壮、德高望重"的赞语；女同志爱听"年轻漂亮、衣服合体、身材好"的赞语；孩子爱听"活泼可爱、聪明伶俐"的赞语；病人爱听"病情见好、精神不错"的赞语。

取人之长补己之短，抬着头看别人，你就会越走越高。反之总觉得别人不如自己，高高在上，低着头看别人你就会越走越低。善于发现别人的长处，还必须善于赞美，赞美别人的同时，你的心灵得到净化，你就会发现世界无限美好，人间无限温暖。

赞美有时也无须刻意修饰，只要源于生活，发自内心，真情流露，就会收到赞美之效。但要更好地发挥赞美的效果，也需要注意以下几个要点。

（1）实事求是，措辞恰当。

当你准备赞美别人时，首先要掂量一下这种赞美对方听了是否相信，第三者听了是否不以为然，一旦出现异议，你有无足够的理由证明自己的赞美是有根据的。

一位老师赞美学生们："你们都是好孩子，活泼、可爱、学习认真，做你们的老师，我很高兴。"这话很有分寸，使学生们既努力学习，又不会骄傲。但如果这位老师说："你们都很聪明，将来会大有出息，比其他班的同学强多了。"效果就大不一样了。

（2）赞美要具体、深入、细致。

抽象的东西往往不具体，难以给人留下深刻印象。如果称赞一个初次见面的人"你给我们的感觉真好"，那么这句话一点作用都没有，说完便过去了，不能给人留下任何印象。但是，倘若你称赞一个好推销员："小王这个人为人办事的原则和态度非常难得，无论给他多少货，只要他肯接，就绝对不用你费心。"由于你挖掘出对方不太明显的优点给予赞扬，增加了对方的价值感，因此赞美起的作用会很大。

（3）热情洋溢。

漫不经心地对对方说上一千句赞扬的话，也等于白说。缺乏热情的空洞的称赞，并不能使对方高兴，有时还可能由于你的敷衍而引起对方的反感和不满。

（4）赞美多用于鼓励。

鼓励能让人树立起自信心。自信是成功的一半，用赞美来鼓励对方，能达到事半功倍的效果，尤其在"第一次"。无论任何人做任何事情，都有第一次的时候，如果对方第一次做得不好，你应该真诚地赞美一番："第一次有这样的表现已经很不容易了！"别人会因为你的赞美而树立信心，下次自然会做得更好。

对别人的赞美要客观、有尺度、出于真心，而不是阿谀奉承、刻意恭维讨好，这样做会适得其反，会引起别人反感。赞美之辞既是对别人成绩的肯定，使听者感受到自己存在的价值，激发他人努力去做出更大的成就，与此同时自己也能获得无限的快乐。而扼杀人与人之间最为宝贵的真诚乃是妒忌，见不得别人比自己有地位、有成就，见不得别人比自己有钱，这样的心态，是无法说出真诚的赞美之词的。说出真诚、由衷的赞美是需要雅量的。

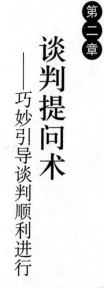

第二章

谈判提问术

——巧妙引导谈判顺利进行

提问是引导谈判顺利进行的好方法，谈判者只有做到切中实质、有的放矢地提问才能达到预期的效果。在谈判过程中，任何提问都必须紧紧围绕着特定的目标展开，这是每一个谈判人员都必须记住的。所以，与谈判对手沟通的过程中一言一行都要有目的地进行，千万不要漫无目的地脱离最根本的谈判目标。

1. 投石问路，摸清对方底细

商务谈判中常运用"问"作为摸清对方需要、掌握对方心理、表达自己感情的手段。在谈判中，发问是使自己"多听少说"的一种有效方法。问能引起他人注意的问题，促使谈判顺利进行；问能获取所需信息的问题，以此摸清对手底细；问能引起对方思考的问题，控制对方思考的方向；问能引导对方做出结论的问题，达到己方的目的；问有已知答案的问题，用以证明对方的诚实与可信度。

有一位教徒问神父："我可以在祈祷时抽烟吗？"他的请求遭到神父的严厉斥责。而另一位教徒又去问神父："我可以吸烟时祈祷吗？"后一个教徒的请求却得到允许，悠闲地抽起了烟。这两个教徒发问的目的和内容完全相同，只是谈判语言表达方式不同，但得到的结果却相反。由此看来，技巧高明的发问能赢得期望的谈判效果。

谈判的语言技巧在营销谈判中运用得好可带来营业额的高增长。

某商场休息室里经营咖啡和牛奶，刚开始服务员总是问顾客"先生，喝咖啡吗？"或者是"先生，喝牛奶吗？"其销售额平平。后来，老板要求服务员换一种问法，"先生，喝咖啡还是牛奶？"结果销售额大增。原因在于，第一种问法，容易得到否定回答，而后一种是选择式，大多数情况下，顾客会选择一种。

如何"问"是很有讲究的，重视和灵活运用发问的技巧，不仅可以引起双方的讨论，获取信息，而且还可以控制谈判的方向。到底哪些问题可以问，哪些问题不可以问，为了达到某一个目的应该怎样问，以及问的时机、场合、环境等，有许多基本常识和技巧需要了解和掌握。

（1）做好准备。

应该预先准备好问题，最好是一些对方不能够迅速想出适当答案的问题，以期收到意想不到的效果。同时，预先有所准备也可预防对方反问。

有经验的谈判人员，往往是先提出一些看上去很一般并且比较容易回答的问题，而这个问题恰恰是随后所要提出的比较重要的问题的前奏。这时，如果对方思想比较松懈，我们突然提出较为重要的问题，其结果往往使对方措手不及，收到出其不意之效。因为，对方很可能在回答无关紧要的问题时即已暴露其思想，这时再让对方回答重要问题，对方只好按照原来的思路来回答问题，或许这个答案正是我们所需要的。

（2）先听后问。

在对方发言时，如果自己脑中闪现出疑问，千万不要中止倾听对方的谈话而急于提出问题，这时可先把问题记录下来，等待对方讲完后，在合适的时机再提出问题。

同时，在倾听对方发言时，可能会出现马上就想反问的念头，切记这时不可急于提出自己的看法，因为这样做不但影响倾听对方的下文，而且会暴露自己的意图，这样对方可能会马上调整其后边的讲话内容，从而使自己可能丢掉本应听取到的信息。

（3）避免刁难问题。

要避免提出那些可能会阻碍对方让步的刁难问题，这些问题会明显影响谈判效果。事实上，这类问题往往只会给谈判的结局带来麻烦。提问时，不仅要考虑自己的退路，同时也要考虑对方的退路，要把握好时机和火候。

（4）等待时机，继续追问。

如果对方的答案不够完善，甚至回避不答，这时不要强迫追问，而是要有耐心和毅力，等待时机到来时再继续追问，这样做以示对对方的尊重，同时再继续追问对方问题也是我们的义务和责任，因为时机成熟时，对方也不可推卸。

（5）提出已有答案的问题。

在适当的时候，可以将一个已经发生并且答案也是大家都知道的问题提出来，验证一下对方的诚实程度及其处理事物的态度。同时，这样做也可给对方一个暗示，即我们对整个交易的行情是了解的，有关对方的信息我们也是掌握很充分的。这样做可以帮助我们进行下一步的合作决策。

（6）适可而止。

不要以法官的态度来询问对方，也不要问起问题来接连不断。

如果像法官一样询问谈判对方，会造成对方的敌对与防范的心理和情绪。因为双方谈判绝不等同于法庭上的审问，需要双方心平气和的提出和回答问题，另外，重复连续的发问往往会导致对方的厌倦、乏味而不愿回答，有时即使回答也是马马虎虎，甚

第二章　谈判提问术——巧妙引导谈判顺利进行

043

至答非所问。

（7）耐心等待回答。

当我们提出问题后，应闭口不言，耐心地等待对方做出回答。如果这时对方也沉默不语，则无形中对方给自己施加了一种压力。这时，我们应保持沉默，因为问题是由我们提出的，对方就必须以回答问题的方式打破沉默，或者说打破沉默的责任将由对方来承担。

（8）态度要诚恳。

如果我们提出某一问题而对方不感兴趣或是态度谨慎而不愿展开回答时，我们可以转换一个角度，并且用十分诚恳的态度来问对方，以此来激发对方回答的兴趣。这样做会使对方乐于回答，也有利于谈判者彼此感情上沟通，有利于谈判的顺利进行。

（9）问题要简短。

在谈判过程中，提出的问题越短越好，而由问句引出的回答则是越长越好。因此，我们应尽量用简短的句式来向对方提问。因为当我们提问的话比对方回答的话还长时，我们就将处于被动的地位，这种提问是失败的。

提出问题是很有力量的谈判工具，因此在应用时必须审慎明确。问题决定讨论或辩论的方向，适当的发问常能指导谈判的结果。

2. 用提问化解谈判危机

提问是谈判中获得对方信息的一般手段。通过提问，除了可以从中获得众多的信息之外，还常常能发现对方的需要，知道对方追求什么，这些都对谈判有很大的指导作用。另外，提问还是谈判应对的一个手段，是谈判者机警的表现。在商务谈判中，精妙的提问不但可以获取所需的信息，而且还能够促进双方的沟通。所以，谈判者总是不停地向对方提出各种问题，以试探虚实，获取信息。有时候，在谈判过程中，因为种种原因导致对方面色不佳，不愿意回答我们的问题，甚至不愿意继续沟通下去，这是一个非常关键的时期，稍微不慎就使整个谈判陷入僵局。这时，我们也可以通过提问来化解对方的敌意。

有一次，原一平去拜访一位客户，在拜访之前。他了解到这位客户性格内向，脾气古怪。见面后，为了营造轻松的气氛，原一平微笑着打招呼："你好，我是原一平，明治保险公司的业务员。"客户情绪似乎很烦躁："哦，对不起，我不需要投保，我向来讨厌保险。"原一平继续微笑着说："能告诉我为什么吗？"客户忽然提高了声音，显得很不耐烦："讨厌是不需要任何理由的！"

原一平知道客户发飙了，但是，他依旧笑容满面地望着他："听朋友说你在这个行业做得很成功，真羡慕你，如果我在我的行业也能做到像你这样，那真是一件很棒的事情。"听到原一平这样一说，客户的态度稍有好转："我一向讨厌保险推销员，可是你的笑容让我不忍拒绝与你交谈，好吧，说说你的保险吧。"

在接下来的交谈过程中，原一平始终面带微笑，客户在不知不觉中也受到了感染，谈到了彼此感兴趣的话题时，两人都大笑起来。最后，客户微笑着在订单上签上了名字，与原一平握手道别。

原一平，这位只有1.53米，整体毫无气质和优势可言的保险推销员成功了。尽管客户非常不耐烦，但原一平还是微笑着发问："能告诉我为什么呢？"在这个案例中，他不仅仅擅长提问，更擅长以自己的微笑去打动对方。微笑，适时为他的提问增添了几许感染力，以至于客户也说："我一向讨厌保险推销员，可是你的笑容让我不忍拒绝与你交谈，好吧，说说你的保险吧。"自然而然，他办成了自己想办的事情，最后他成了世界闻名的推销员。

斯科特先生是一家食品店的老板，库尔曼曾向他推销自己所在保险公司有史以来最大一笔寿险：6672美元。当库尔曼向斯科特先生问道："斯科特先生，您是否可以给我一点时间，为您讲一讲人寿保险？"斯科特说："我很忙，跟我谈寿险是浪费时间。你看，我已经63岁，早几年我就不再买保险了。儿女已经成人，能够好好照顾自己，只有妻子和一个女儿和我一起住，即便我有什么不测，她们也有钱过舒适的生活。"

　　换了别人，斯科特这番合情合理的话足以让库尔曼心灰意冷，但库尔曼不死心，仍然向他发问："斯科特先生，像您这样成功的人，在事业或家庭之外，肯定还有些别的兴趣，比如对医院、宗教、慈善事业的资助。您是否想过，您百年之后，它们能否正常运转？"

　　见斯科特没说话，库尔曼意识到自己问到了点子上，于是趁热打铁说下去："斯科特先生，购买我们的寿险，不论你是否健在，您资助的事业都会维持下去。7年之后，假如您还在世的话，您每月将收到5000美元的支票，直到您去世。如果您用不着，您可以用来完成您的慈善事业。"

　　听了这番话，斯科特的眼睛变得炯炯有神，他说："不错，我资助了3名尼加拉瓜传教士，这件事对我很重要。你刚才说如果我买了保险，那3名传教士在我死后仍能得到资助，那我总共要花多少钱？"库尔曼答："6672美元。"最终，斯科特先生购买了这份寿险。

　　可以说，以上这个案例是一次成功的谈判。在实际谈判中，最忌讳的是当我们说出自己的某些想法或观念之后，所遭遇的是对方冷漠的态度，这时整个谈判将陷入僵局，假如这时不及时缓和气氛，或者说几句话暖场，那我们的谈判有可能会遭遇失败。在这个案例中，库尔曼也遭遇了这样的窘境，不过，信心十足而又机智的他并没有引导谈判走向死胡同，而是转换了一个话题。

库尔曼开始意识到对于像斯科特这样成功的人士，跟他们谈寿险所带来的收益并不会使之心动，而他更注意到，像这样的成功人士都会有一些特别的兴趣，比如慈善，假如自己向他解释购买了寿险还可以帮助自己继续做慈善事业，那岂不是把话说到了对方的心里吗？于是，他通过提问聊到了慈善问题。果然，之前一听说销售寿险而表现冷淡的斯科特在听到了购买寿险可以帮助自己做慈善事业后，开始表现出极大的兴趣。在库尔曼的心理诱导下，斯科特开始重新审视购买寿险这件事，当然，最终库尔曼做成了这笔交易。

（1）问题要有针对性。

也就是说，一个问题的提问要把问题的解决引到某个方向上去。在协商阶段，一方为了试探另一方是否有签订合同的意图，谈判者必须根据对方的心理活动运用各种不同的方式提出问题。比如，当对方不感兴趣、不关心或犹豫不决时，我们应问一些引导性问题："你想买什么东西？""你愿意付多少钱？""你对于我们的消费调查报告有什么意见？"等。提出这些引导性的问题后，对方可根据买方的回答找出一些理由来说服对方促成对方与自己成交。

（2）提问题要恰当。

假如按问题规定的回答方式能够得到使对方接受的判断，那么这个问题就是一个恰当的问题，反之就是一个不恰当的问题。所以，在协商阶段，谈判者要想有效地进行协商，首先必须确切地提出争论的问题，尽可能避免提出含有某种错误假定或敌意的问题。

（3）提问必须要谨慎。

谨慎应用问题，可以促使我们轻易地引起对手注意和使之对问题保持持久的兴趣。此外，经常地提出问题，你的对手会被导向你所期望的结论。由于提出问题是一个具有相当力量的谈判工具，因此在应用时必须审慎明确。问题决定讨论或辩论的方向，适当的发问常能指导谈判的结果。发问还能控制搜集情报的多少，并可以刺激你的对手慎重地考虑你的意见。为了答复你的问题，你的对手不得不想得深入一点，从而他会更谨慎地重新检测自己的前提，或是再一次评估你的前提。

3. 谈判中适当的插一句问话

谈判无非就是"说"与"听"，光"说"不"听"，或光"听"不"说"都是不恰当的谈判方式，倘若对方说个不停，你就有必要让他知道你也有说话的权利。

谈判中尽量不要打断对方的话，这是对对方的一种礼貌和尊重。但是，谈判中不要打断对方的话，并不意味着始终保持沉默。倾听中适当地插话也是必要的。因为不时地语言反馈，能够表明你一直在积极地听，同时对方也可以在你的语言反馈中得到肯定、否定或引导，这对于谈判顺利进行是有利的。

在谈判中插问话，关键在于适当。一般来说，有这样几种情况是插话的契机：

（1）当对方说话稍有停顿时，你可以插话要求补充说明。如：

> "请再说下去。"
>
> "还有其他情况吗？"
>
> "后来怎么样了？"

像这类语言，可以使对方谈兴更浓，把更多的想法和情况告诉你。

（2）当对方说话间借喝茶、点烟思考问题或整理思路时，你可以插话提示对方。如：

> "这是第二点意见，那么第三点呢？"
>
> "上述问题我明白了，请谈下一个吧。"

这类插话，承上启下，给对方以启示和引导。

（3）在对方谈话间歇的瞬间，给予简单的肯定的回答。如：

> "是的。"
>
> "我理解。"
>
> "很对。"
>
> "我明白。"

这种插话，可以表示对对方谈话赞成、认同、理解，使谈判气氛更加融洽和活跃。谈判中的插话，还可以使用"重复"和"概述"两种方法。

　　"重复"具有促使对方讲下去、明确含义、强调话题的作用。

　　比如，当谈判对手谈及一个新的问题时，为了明确含义或者为了突出其重要性，我们可以这样来重复：

　　　　"您的意思是不是……"
　　　　"我想您大概想讲……"
　　　　"您认为这很重要吗？"

　　"重复"使用得及时和恰当，往往能使谈判避免停顿和中断，可以收到很好的效果。

　　在与条理性不清和组织句子能力较差的人谈判时，应该抓住机会对他的言语进行一定的整理，以防其杂乱无章地"开无轨电车"。这里，比较有效的整理方法就是概述。

　　概述应紧扣主题，突出几点，理出头绪，去掉与主题无关的废话，保证谈判的顺利进行。

　　比如，我们可以这样说："听您所说，大致有这样几个问题……"然后罗列出几个要点，使问题显得清晰。

　　表示概述的语言很多：

"您刚才说……"

"用您的话讲，这就是……"

"总而言之，您认为不外乎……"

这样的概述还给人以礼貌的感觉。谈判者往往喜欢别人理解自己的意思，如果你表达出他想说而没能说清楚的话，就很容易赢得他的好感，这对谈判是有好处的。

但是，谈判中要注意，插话关键是"插"得适时。如果无休止地打断对方讲话，同时频频改变话题，那么会使对方感到谈判无法进行下去。为了使谈判顺利进行，一定要及时回答对方的问话，同时不失时机地同对方展开讨论等等。但是说话必须掌握分寸，适可而止，如果你口若悬河，滔滔不绝，唠叨个没完，丝毫不给对方插话的机会，就有可能把自己不应被对方知道的意图暴露出来，同时对方也会对你产生厌倦情绪。

4. 通过提问晓以利害

在实际谈判中，我们经常运用提问作为摸清对方真实需要、掌握对方心理、表达自己观点从而通过谈判解决问题的重要手段。如何提问是很有讲究的，重视和灵活运用提问的技巧，不但可以引起双方的讨论、获取信息，而且还能够控制谈判的方向。提问是谈判中经常运用的语言表达方式，合适的提问往往可以引导谈判者寻找更多机会并打破僵局，促使谈判走向成功。有时候，我们可以通过提问晓以利害，顺势说服对方。

　　某男与女朋友要结婚了，女朋友决定办一个豪华婚礼，男人却持不同意见，但直接表达恐怕引起对方不满。于是，男人给女朋友算了一笔账："完全按照你的意愿，酒席32万元，新房装潢和家具等12万元；蜜月旅行、婚车、喜糖、鞭炮、礼品等二十几万元，加起来要六七十万元。"然后告诉对方："现在有12万元的存款，每月结余大概1万多元，一年大概存14万元。你看咱们是不是5年后，35岁积攒下存款再结婚？"女孩沉默了。"要不先贷款，然后再用5年的时间还贷？"女孩子也不满意。这时男孩趁势说道："35岁结婚太晚了，背着贷款也不舒服，你看咱们是不是实际一点，看看哪里可以节省点？"女孩轻易就同意了。

　　在实际谈判过程中，作为谈判者，我们需要认清这样一个问题，那就是在任何时候，当我们想要对方按照自己的思路走，那首先应该放下自己的观点和思想，按照对方的思路走，趁机寻找到击破对方心理的空隙，这样我们才能达到自己的最终目的。

　　某客户准备为自己的饭店购进一些桌椅，于是，他和家具公司的销售经理谈判。
　　客户："我觉得那套棕色木质家具看起来比较大方，而且我一直比较喜欢木质的东西……"

销售经理："请问您的饭店大厅有多少平方米？"

客户："我的饭店有100平方米，买二十套这样的桌椅应该能放得下。"

销售经理："您看一下这套家具的宽度，放在100平方米的饭店大厅里会不会让剩余的空间太狭窄了，其实主要是我们这个展厅比较大，很多人一进来就相中了这套家具，实际上那套小巧玲珑的家具更适合现代餐厅布局的特点，而且价格也比刚才那套实惠很多。"

客户："你说得对，我还是买这套小一点的吧。"

这则案例中，这位销售经理并没有唯利是图，而是从客户的实际情况出发，及时通过提问提醒客户：购买贵一点的那套木质家具是不适合的。这位谈判者这样说，会让客户从心里感激他，并觉得他是一个具备难得品质的人，自然毫不犹豫地达成谈判目的。的确，成功的销售员总是在第一时间考虑客户的要求，晓以利害，顺势说服对方，一旦你掌握了这种方法，你的工作就能够更顺利地进行，并且你做成的不只是一笔生意，还赢得了一名忠实的客户，忠实客户给你带来的利益是不可估量的。

面对着号称百万雄师的曹军，孙权想与之决战，但又举棋不定。诸葛亮说："曹军势不可当，不如投降算了。"孙权非等闲之辈，乃争强好胜、不甘居人之下的一代英才，听了诸葛亮的话，火一下子就蹿了上来，反问道："那刘豫州为何不降呢？"诸葛亮说："刘使君乃汉室之胄，雄才大略，英才盖世，岂能甘心投降，任人摆布呢？"诸葛亮见孙权抗曹之火被激将起来，这才详尽地向孙权分析了孙刘联军抗曹的有利条件，最终坚定了孙权抗曹的决心。

诸葛亮并没有说东吴如何兵精粮足、人才济济，也不说地势如何险要，而反说曹军如何势大，假劝孙权投降，通过晓以利害，顺势说服对方，这样就激起孙权争胜、不甘寄人篱下之心，完成其联吴抗曹的任务，他用的就是激将法。

除了在提问时晓以利害，我们还需要掌握合适的提问时间。

（1）在对方说话停顿、间歇时间提问。

在谈判中假如对方发言冗长，或不得要领，或纠缠细节，或离题太远，影响洽谈进程，我们可以在对方停顿时趁机提问："这些细节问题我们以后再谈，请谈谈你的主要观点，好吗？""第一个问题我们已经听明白了，那第二个问题呢？"这样的提问既不失礼，同时还可以帮助对方切回正题，继续谈判。

（2）在谈判议程规定的辩论时间提问。

智慧的谈判者在辩论前的几轮商谈中，总是细心记录，深入思索，抓住谈判桌上的分歧进行提问。不问则已，一问就问到了点子上。而且，在提问时注意问话的速度应适中，选择对方心情好的时候，然后给予对方足够的答复时间。

（3）在对方发言完了之后提问。

当对方正在发言时，己方要认真倾听。即便发现了问题，你很想提问也切忌打断对方，可先把发现的和想到的问题记录下来，等待对方发言之后再提问。这样不但显出己方的修养，而且可以全面地、详细地了解对方的观点和意见，避免操之过急，曲解了或误会了对方的意思。

（4）在自己发言前后提问。

当轮到自己发表意见时，可在谈自己的观点之前，对对方的发言进行自问自答，比如，"您刚才的发言说明什么问题呢？我的理解是这样的……对这个问题，我说几点想法。"在充分地表达了自己的意见之后，为了让谈判沿着自己的思路发展，可以这样提问："我们的基本观点和立场就是这样，您对此有什么看法呢？"这样的提问就是明显的承上启下，有较强的互动性，容易使谈判顺利进行下去。

5. 巧妙提问，洞察先机

提问是谈判的重要手段，边听边问可以引起对方的注意，引导他的思考方向；可以获得自己不知道的信息，尽量让对方提供自己未掌握的资料；可以传达自己的感受，引起对方的思考；可以控制谈判的方向，使话题趋向结论。

提问是谈判中经常运用的语言表达方法，恰当的提问往往能引导谈判者寻找很多机会并打破僵局，使谈判走向成功。不当的提问有时会误导对手，不利于谈判的正常进行。可以说，提问在谈判中起着非常重要的作用。

（1）通过提问可以获取更多信息。

谈判中，双方需要了解对方的实力、要求，掌握各种有关的信息和背景资料。当谈判者对对方的情况不完全了解和对自己掌握的情况要求证实时，可以直接采用提问的方式，获取自己想要得到的信息。

（2）通过提问可以增进沟通，活跃气氛。

谈判是一场双方沟通的过程，为了避免沟通时出现障碍，保证顺畅、融洽，不妨在谈判中运用提问，即采用带有征求询问性质的提问来表达自己的要求，因为问话包含着征求询问的性质是表示尊重对方的意思，最能博得对方的好感。同时提问可以促使双方彼此充分理解，搞清分歧的关键并使之不再进一步扩大，进而找出绕过分歧继续谈判的办法来。

（3）通过提问能引导谈话的方向，控制谈判的进程。

提问在对话中处于主动地位，它是引起话题的动因，它能够决定和引导着谈话的方向，控制着谈判的进程。谈判中可以通过巧问引出话题或转移话题，使谈判向着有利于自己的方向发展。当谈判气氛渐趋紧张、大脑有运转不过来的感觉时，提问可以放慢谈判速度，给你以喘息的机会，让你重新组织思路，发动新的攻势。

（4）通过提问可以传达消息，说明感受。

有许多问题表面上看起来似乎是为了取得自己希望的消息或答案，事实上也把自己的感受或已知的信息传达给对方，这会使谈判向更好的方向发展。

由此可见，谈判中应该适当地进行提问，那么如何提问才能获得谈判的成功呢？掌握以下一些基本方法是十分必要的。

（1）封闭式发问。

这是可以在特定领域中获得特定答复的发问。例如："你是否认为售后服务没有改进的可能？"（答复应为"是"或"否"）封闭式发问可使发问者获得特定的资料，而回答这种提问的人并不需要太多的思索工夫即能给予答复。

（2）开放式发问。

这是一种能够在广泛领域内获得广泛答复的问句。通常均无法以"是"或"否"等简单的措辞作为答复，例如："你对自己当前的工作表现有何看法？""假如你方再度延迟交货，我方则将无法对已到期的货款进行支付。这样做，你方有何意见？"等等。开放式提问因为不限定答复的范围，故可使对话者畅所欲言，同时发问者也可以从中获悉对话者的立场与感受。

（3）澄清式发问。

这是针对对方的答复，重新提出问题使对方做出证实或补充原先答复的一种问句。例如："你刚刚说对目前进行中的这一宗买卖可以作取舍，这是不是说你可以全权跟我方进行谈判？"澄清式问题不但能确保谈判双方在"同一语言"基础上进行沟通，而且这是针对对方的话语从而回馈的一种理解方式。

（4）探索式发问。

这是针对对方的答复，要求引申或举例说明的一种问句。例如："你说你们对所有的承销商都一视同仁地按定价给予30%的折扣，请说明一下为什么你们不对销售量更大的承销商给予更大的折扣作为鼓励？"探索式问句不但可以用以发掘较充分的信息，而且可以用来显示发问者对对方答复的重视。

（5）含有第三者意见的提问。

这是借助第三者的意见以影响对方意见的一种问句，例如："工程部门的专家颇支持使用部门更新设备的要求，不知你们采购部门对更新设备的要求有何看法？"含有第三者意见的问句中的第三者，如果是对方所熟悉而且也是他所尊重的人，该问句对对方将产生很大的影响，否则，将适得其反。

（6）引导性问句。

这是指对答案具有暗示性的问句。例如："你们违约，是不是应承担责任？"这类问题几乎使对方毫无选择地按发问者设计的答案回答。

6. 在提问中暴露自己的小秘密

在谈判过程中，并不是我们一提问对方都会给予我们想要的答案。在很多时候，对方的回答是需要我们进行诱导的，或许那是对方不愿意正面回答的问题，这时我们就应该适时自曝秘密，诱使对方做出回答。有时候，即便我们配合了很好的表情和语调，但对方对于我们的提问还是会不理不睬，但他们眉眼之间好像有什么难言之隐，这时该如何让对方开口呢？作为提问者，需要考虑到自己所提出的问题的敏感性，如果你想让对方开口回答这个问题，那就不妨先说出自己的一些秘密，以此引出提问。这样在话题的延伸之下，对方会觉得这个问题是合理的，自然就愿意做出回答了。

北京某区一位党委书记在同外商谈判时，发现对方对自己的身份持有强烈的戒备心理。这种状态妨碍了谈判的进行。于是，这位党委书记当机立断，站起来对对方说："我是党委书记，但也懂经济、搞经济，并且拥有决策权。我们摊子小，并且实力不大，但人实在，愿意真诚与贵方合作。咱们谈得成也好，谈不成也好，至少你这个外来的'洋'先生可以交一个我这样的'土'朋友，你觉得怎么样呢？"

结果，几句肺腑之言，打消了对方的疑虑，使谈判顺利地向纵深发展。

在谈判过程中，我们总是希望在语言交流中更多地得到对方的有关信息，以便更准确地了解对方，因此，我们总希望对方更多地暴露自己。但是，基于人与人之间的公平原则，当你想让对方更多地暴露自己，那你就要更多地暴露自己。当自己深藏不露，却要求对方敞开胸怀，这种不公平的现象在沟通中是很少会出现的。所以，在实际谈判过程中，那些有经验且明智的语言专家总是告诉新手应当坦诚相告，这样可以让对方更多的了解你，同时你也可以更多的了解对方。假如你用伪装和欺骗去换取对方的坦诚，并把这种手段视为沟通的高超技巧实在是一种错误的想法，最终你所获得的将远远少于你所失去的。

美国著名社会心理学家约瑟夫和哈里对怎样提高人际交往成

功的效率，提出了一个名为"约哈里窗口"的理论。

约瑟夫和哈里认为，人们之间的交往成败与否，人际关系能否健康发展，商业谈判是否马到成功，在很大程度上取决于各自的"自我暴露"。

在生活中，对于我们每个人而言，都存在着自己了解、别人也了解的"开放区域"；别人了解，而自己却不了解的"盲目区域"；仅仅自己了解，却从不向别人透露的"秘密区域"；自己和别人都不了解的"求知区域"。这四个区域，就是"约哈里窗口"。

在实际谈判过程中，我们可以巧妙地运用这个理论，通过适当地暴露自己的秘密，袒露自己的胸怀以获取对方的同情、理解与新发现，从而促进沟通走向成功。

在谈判过程中，提问时的适当自我暴露是非常必要的，不善于暴露、不能恰如其分自我暴露弱点的人必会遭遇各种各样的障碍。自我暴露可以增加个体被接纳的程度，尤其是在人际交往以及谈判过程中。彼此之间的自我暴露水平是衡量互相关系的标尺，一些良好的人际关系，是在人们自我暴露慢慢增加的过程中发展起来的。当我们对一个人的接纳性和信任感越来越高，就会越来越多地暴露自我，同时，我们还会要求别人越来越多地暴露他们自己。

总而言之，人际关系是由低水平的自我暴露和低水平的信任开始的，当一个人开始自我暴露时，这便是信任关系建立的标志。而对方则会以同样的自我暴露水平做出信任的回应，这种自我暴露的反复交换，会一直到双方满意的程度为止。

（1）说出自己的秘密，换取别人的秘密。

有时候，为了让对方回答自己的问题，我们也可以适当说出自己的一些秘密。当然，如果通过自己的叙述中提出问题，这样的经历或故事大概是相似的。更容易打开对方的心扉。即便对方不想袒露自己内心的秘密，但如果遇到相似经历的人说出了秘密，他内心的防线也会坍塌，他会愿意将自己内心隐藏的事情说出来。

（2）撬开对方的嘴巴。

有时候因为所提的问题涉及了敏感话题，对方自然是不愿意回答或者说不想回答，这时我们就应该努力撬开对方的嘴巴，甚至不惜说出自己的秘密，去诱使对方回答我们所提出的问题。

7. 商业谈判中的提问技巧

商务谈判中一个重要的策略就是多听少说，而多听少说的一个关键技巧就是善于提问，毕竟"发问是商务谈判中相互沟通的基本方法"。在商务谈判中，谈判者对谈判的关注也经常表现为发问。在大多数商务谈判中，提问是推动谈判层层深入的重要手段。比如，"我喜欢这种茶叶，多少钱一斤？""贵方报价高出我的接受能力，是否可以做些调整？""贵方是否愿意按低于市场价格25元一斤成交？"通常情况下，提问可分为开放式和封闭式两种。开放式提问可以让对方在回答问题时不受约束，畅所欲言，经常用于营造谈判氛围；封闭式提问，语言直接，明确具体，它常用于具体业务内容的洽谈。

在实际谈判中，商务谈判中的提问又大致分为六种：一般性提问、引导性提问、探询性提问、澄清性提问、迂回性提问和借助性提问。又可分为以下四种：一是一般性提问，如"你认为如何"等；二是直接性提问，如"谁能解决这个问题"等；三是诱导性提问，如"这不就是事实吗"等；四是探询性提问，如"是不是""你认为呢"等。

在《左传》中，记载了这样一个故事：当时，秦国与晋国正在交战，结果秦国大获全胜，还俘虏了晋惠公。秦国答应议和，晋国当即派了阴饴甥前来谈判。

秦国国君说："晋国意见一致吗？"阴饴甥回答说："哪里会一致呢？小人们以失去自己的君主为耻，为自己的亲属伤亡而痛苦，这些人不怕征税修治甲兵的困难而拥立太子为国君，声称宁肯屈事戎、狄之国，也一定报这秦国之仇。而君子又明白自己的罪过，他们不怕征税修治甲兵的困难而等待秦国的命令，说宁死也不生二心，一定会报答秦国的恩德，所以，双方的意见不一致。"

秦国国君继续问道："晋国认为他们的国君的前途会怎么样？"阴饴甥回答说："小人们感到悲观失望，认为他不会被赦免；君子们相信秦国会宽恕，认为国君一定会回国。对此，小人们说：我们加害过秦国，秦国岂能放国君回来？

君子说：我们已经知道自己的罪过了，秦国一定会放国君回来的。认罪了就放过他，没有什么比这更宽厚的恩德了，没有比这更威严的刑罚了，他们会怀念秦国的恩德。经过这次战争，大家都认为秦国可以做诸侯的盟主了，假如秦国不放我们的国君回来，不让他君位安定，就会把感恩的人变成怨恨的人，秦国不会这样的。"秦国国君听了，说道："这就是我的想法啊！"于是，对晋侯改用诸侯之礼。

在这里，阴饴甥所使用的就是诱导性提问，"哪里会一致呢？小人们以失去自己的君主为耻，为自己的亲属伤亡而痛苦……""小人们感到悲观失望，认为他不会被赦免；君子们相信秦国会宽恕，认为国君一定会回国。对此，小人们说：我们加害过秦国，秦国岂能放国君回来？"秦国虽答应议和，但对作为战败方的晋国来说，势头远远低于对方。但是，在议和的整个过程中，阴饴甥这位使臣却表现得临危不乱，不卑不亢，并以小人和君子做比喻，既表示"一定报仇"，又表示"一定报德"；一边为君王的前途担心，一边又对秦国寄予了厚望，不卑不亢地表达了晋国敢于抗秦的决心，同时，恰到好处地表现了愿与秦国议和的意愿。

（1）一般性提问。

一般性提问，就是一种普通提问，它只是为了获取信息，没有特别含义。比如，"宋先生，您是第一次来杭州吧？""假如发现产品质量有问题，我们该怎么办呢？""索赔时，我们只需要提供一份货单就够了吗？"

（2）引导性提问。

引导性提问，指提出一个新问题，引出一项新的谈判内容。比如，"很高兴我们已经就技术方面进行了很好的洽谈，现在我们开始谈谈产品，好吗？"在实际谈判过程中，有些引导性问句具有强烈的暗示性，要求谈判对方可以产生与我们相同的看法，但并不要求对方一定做出直接的回答，比如，"今天您先休息好吗？我公司副经理张先生今晚6点想邀请您共进晚餐。明天我们再开始洽谈业务。"

（3）迂回性提问。

迂回性提问，就是将我们的意见摆明，让对方在此基础上进行回答的提问。因其具有一定的强迫性，所以应特别注意语调要委婉，措辞要得体。摆明至少两种可能性，供对方选择回答，这是一种选择性的提问方式。先假定对方的想法、建议、要求等是正确的，再提出一个与之相悖的问题，让其自感理屈，这是一种以退为进的提问方式。或许，当我们的某一项谈判要求得不到满足时，就提出一个对对方不利的要求，间接向对方讨价还价，希望对方能够做一些让步。

（4）借助性提问。

借助第三者的口气或借助第三者的意见而提出的问句。有的是为了便于沟通；有的是为了借助权威，增强说服力。比如，"李先生，听说你对我们的电子产品感兴趣，但我公司经营的电子产品种类很多，你具体对哪种型号感兴趣呢？""专家支持这种方式，不知贵方有何看法？"

（5）探询式提问。

在谈判过程中，在回答或处理对方所提问题或要求之前，向对方提出问题，以征求其意见和想法。比如，"我们有各种各样的桌子，不知你对哪种产品感兴趣？"针对对方的叫苦而提问，探求其真实的想法和要求，比如，"那好，你认为什么价格才可行呢？"提出假设要求，借以了解对方虚实，比如，"那么，假如订货数量很大的话，你们可以降价多少？"

（6）澄清性提问。

针对对方的表述、发问等某一内容，向对方提问，要求其加以解释、说明。比如，"对不起，张先生，你说引进技术，这'技术'是指什么？"针对对方的表述，向对方表明自己的理解，再向对方提问求证。比如，"平安险不包括由于自然灾害引起的单独损害，我这样理解正确吗？"

第三章

面试提问术

——获得你想要的有用信息

面试时，面试者与求职者间的问答对话是主要的沟通。招聘者准确地把握提问技巧是十分重要的，这不仅可以直接起到有针对性地了解应聘者某一方面的情况或素质的作用，而且对于驾驭面试进程、净化面试的主题、形成良好的面试心理气氛都有着重要影响。

1. 面试中的提问方式

现代社会，市场竞争非常激烈，一波又一波的就业高潮快速袭来。在这个过程中，求职的人增多，职位空缺却减少。作为面试官，如何从众多求职者中找出最合适的人才？大量事实证明，在面试时间对问题会成为关键。可以说，在整个面试环节中，面试者与求职者的问答对话才是重头戏。当然，面试官作为提问的一方，在面试之前，应该尽可能地收集资料，这样才能令自己提出的问题有的放矢、问对位置。通常情况下，面试官在面试提问之前所需要收集的信息就是尽可能地了解求职者的情况。比如，确认应聘者在履历表上所写的信息；了解应聘者的工作能力；评估应聘者与企业或部门的文化是否契合，如工作步调、工作风格；了解应聘者更换工作的动机等等。

面试官：乔小姐，很感谢你应聘渣打银行，我想知道你的家庭背景，请您介绍一下好吗？

乔娜：当然，我家在广东，我自己也在广州居住了18年，直到我进入深圳大学。父亲是某电影制片厂一位导演，母亲是厂里的一名工作人员，负责印刷厂里的剧本、杂志等。我有个妹妹，一直在中学读书。

面试官：那么乔小姐，您为什么要来深圳大学呢？广东的大学很多啊？

　　乔娜：首先这个学校是新办的，富有创新精神，深圳特区也对我充满了吸引力。

　　面试官：那么，您又为什么来渣打银行应聘呢？

　　乔娜：其实，这是个偶然的机会。在学校时无意中在就业指导中心看到贵行的招聘信息，于是我马上决定来应聘，毕竟渣打银行名声在外，它是香港第二大银行，全世界每个角落均有渣打分行，业务遍布全球。当然，我认为自己有这个能力胜任这个职位，以我的英语水平和曾做过秘书工作的经验，我对自己充满了信心。

　　面试官：您说您做过秘书，什么时间？您能告诉我一些这方面的情况吗？

　　乔娜：去年暑假我在深圳工商联合会当了几个星期的会长秘书，主要帮他整理文件、处理书信、收集资料。

　　面试官：您觉得那里工作如何？

　　乔娜：最困难的是人际关系，秘书身处老板与下属之间，有时很难处。

　　面试官：为什么？您能给我们举个例子说明一下吗？

　　乔娜：领导作出指示要下属去实现，不过下属所做的事不那么符合领导的意图。

　　面试官：我希望您说得具体些。

　　乔娜：有一次，快下班了，有人来洽谈，因为职员要下班，便拒绝了他，而这个人是董事长请来的。事后，董事长批评了他们，但他们责怪会长对他们太严。

面试官：您是说他们太懒了。

乔娜：我认为他们的工作态度不合适。

面试官：但是，乔小姐，秘书从不涉及人事关系，那是人事经理的事。秘书管的工作是什么？

乔娜：我想是接电话、处理信件、接待来访。

面试官：还有提醒您的领导应该干什么。

乔娜：噢，秘书不属于人事管理人员，是领导的左右手，辅助领导履行职责。

在这个案例中，当面试官听乔娜说自己以前做过秘书工作，便针对秘书工作展开一系列问题。面试官应该根据面试者说的结果，给对方一个真实的工作场景来判断结果的准确性。一般情况下，面试中常用的提问方式有以下几种：

（1）假设式。

采取虚拟的提问方式是为了深入了解应聘者的心理活动和应变能力。有时为了委婉地表达某种意思，也采用此提问方式。一般可以这样提问："假如我现在告诉你由于某种原因，你可能不被聘用，你如何看待？"或"你现在的工作环境和待遇很不错，如果换作我，我会继续留在原来的单位工作的，你的意见如何？"等等。

（2）封闭式提问。

这是一种只要求应聘者做出简单回答的提问方式。例如："你是否能在压力下工作？""你在原单位曾经担任过销售部主任职务吗？""你大学本科学的是人力资源管理专业吗？"等，这些问题只需应聘者以"是"或"否"来回答，至多加一句简单的说明。面试考官采用此提问方式是为了明确某些不确定的信息，或者充当过渡式的提问。

（3）开放式。

开放式的提问，可以让应试者充分发挥出自己的水平。例如："对这一种做法，您有什么看法？"

应试者在回答此类问题时，应开阔思路，答案要条理清晰、逻辑性强、有说服力，以此充分展现自己各方面的能力。

（4）引导式。

这是由考官引导听者趋向一种特定回答的方式。这些问题通常是面试者解释被面试者将加入什么样的公司时偶然产生的结果。考官可能自豪地解释道："我们是家发展迅速的公司，总是有压力，经常要赶最后限期，以满足不断增加的顾客需求。"然后问，"你如何应付压力呢？"被面试者知道要抓住机会，他必须以某种方式回答，然后就这样去做了。这不是说引导问题不可取，而是跟封闭式问题一样，要运用得当。最好在求证信息时使用，让候选人延续一个特定问题，例如："我们公司认为顾客永远是对的。你怎么认为？"但你只能在候选人在一个特定领域已有信仰或成绩时才能运用这个技巧。另外，引导提问不应在面试初期运用或混杂在一些复杂的半正确反问中。

（5）压迫式。

采用压迫式方式提问时，主考官会故意制造一种紧张的气氛，给应试者一定的压力。这些压力还带有一定的挑战性，考官以观察应试者在压力情况下的反应来测定其反应能力、自制力和情绪稳定性等。例如，"您的工作阅历和专业与我们的职位有一定的差距，您被录用的可能性不是很大，对此，您会怎么想？""在工作中，如果您的领导在您的下属面前当众批评您，您会是什么反应？"

（6）哄骗性问题。

哄骗性问题多被滥用，因为这可以让考官玩弄权力游戏。这种提问方式要求被面试者在两难的选项中做决定。例如："你认为盗用公款和伪造文件哪一样罪轻点儿？"但荒谬的哄骗性问题和要求小心做判断的问题之间有条界线，对于大多数面试考官，这个技巧在探究应聘者的决策方式时十分有用。最容易和最有效的实施方法是想出现实生活中需要小心考虑的两种不同情况，然后以此作为提问的背景，一般这样开头："我有兴趣知道，如果……你怎么做？"或"……的情况下你怎么做？"

（7）反问式。

反问可以让考官冷静地控制谈话，无论被面试者如何健谈。例如求职者开始抖出各种各样的经验时，可以用反问来打断他，进入其他话题。例如："时间很短，我想最好谈谈其他方面，好不好？"求职者的反应将是"好"，于是谈话得以继续下去。

（8）连串式。

连串式，是指就某一问题而引发的一系列问题发问后，主要考察应试者的反应能力、思维的逻辑性和条理性。例如，"您在过去的工作中做得最成功的一件事是什么？导致成功的因素有哪些？现在再重新分析一下是否还有需要改进的地方？"

（9）案例分析式。

案例分析提问是考官给应试者提供案例，要求应试者对案例进行分析，主要考察应试者的分析能力和解决问题的能力。

2. 用最有效率的方法来提问

很多面试官都会有这样的感受：心里明明有最佳应聘者的轮廓，但在面试考察应聘者能力的时候却总是力不从心，觉得没有把应聘者深层次的东西挖掘出来。出现这种感受主要有两方面的原因：一方面是因为面试官没有把招聘要求转化为面试提问，或是转化得不够完全；另一方面是由于这确实不是一件容易的事情。举例来说，某企业希望招聘到以客户至上为理念的销售人员，希望此职位的员工都能够把客户当作上帝，建立为客户服务、急客户所急、想客户所想的企业文化。可是在面试中却发现直接问应聘者"你觉得自己的客户服务意识怎样"，得到的回答无一例外是肯定的，根本考察不出应聘者的回答是否发自真心。这样的面试无疑是失败的。所以，在招聘工作中，面试官除了要了解常用面试方法外，还要掌握把招聘要求转化为问题的能力，用最有效率的方法来提问。

要把招聘要求转化为面试提问，一个基本的思路是：首先考虑招聘要求会集中体现在应聘者的哪些方面，或者说应聘者会在哪些行为中体现出自己这方面的特质。由于应聘要求都是来源于具体工作需要，是客观存在的，因此最简单的方法是对应聘者实施角色扮演面试法，以考察应聘者在模拟角色扮演中会遇到什么样的问题，与环境产生冲突的时候会选择何种策略解决。这时候面试官作为局外人会看得很清楚。

为了更好地说明这个思路，具体应用企业很常用的考察项目——"团队意识"来举例说明。

团队意识，就大多数人理解，应该是在工作中不以自我为中心，愿意与别人合作，而且具备与别人协同工作的能力。不同的企业也许会对团队意识做出更加个性化的定义，但这不是重点，重点在于面试官首先需要把企业对应聘者团队精神方面的要求搞清楚。这是第一步。

第二步，利用个人的工作经验，归纳总结身边所看到的、公认的团队意识强的人都有什么具体表现，特别是在一些典型的事件中，他们会以什么样的方式来决策和行动。例如，企业有一名出色的员工，被人们公认为团队意识超强，原因是：在个人利益与团队利益发生冲突的时候，此员工总会牺牲个人利益而成全团队利益；他会把团队的声誉看得很重要，处处维护团队声誉；他会把团队的成就看得高于个人的成就；他会在其他成员无法完成工作时，主动伸出援手；他能够容忍团队中与自己性格相斥的人等等。

第三步，根据上述特点，设计几个典型的角色扮演类题目，或者在应聘者介绍的自己的学习和工作经历中，寻找和上述情境相似的事件，让应聘者来回答如何处理此事件。例如，设计这样一个情境来让应聘者回答：假设你所在的部门正在完成一项对公司很重要的公关活动，在组织过程中，由于一名同事的工作出现了重大疏漏而导致活动失败。事后，由于你是新来的员工，领导认为是你的原因而导致了活动的失败，想要开除你，请问你会如何应对？

如果是一名团队意识良好的员工，一定会选择不给团队制造矛盾，自己找机会说明白，并与同事一起将功补过。有的应聘者则会回答当场做出解释，洗脱自己的责任。由此可以看出，不同应聘者所关心的问题是有差别的。

运用上述思路，可以帮助面试官有效地把招聘要求转化为面试中的提问。

不同的职位要求千差万别，就必然导致了在转化过程中会出现各种各样的问题。有时候局限于面试官的经验及能力，对一些难点没有足够的认识。这里将列举一些常用招聘要求转化为面试问题的难点与指导，仅作抛砖引玉，供读者需要时查阅。

（1）考察求职动机和欲望。

考察求职动机转化的面试提问多属于结构化提问，因此应聘者往往都会对这类问题有所准备。为了保证应聘者回答的真实性，在提问过程中，面试官应当尽量使问题听起来和求职动机无关。同时，多设计几个同样考察求职动机的问题，掺杂在面试提问环节的不同时段，并对这些回答进行详尽的记录，以便面试后进行对比和验证，如此可以使面试官更好地把握应聘者叙述的真实性。

（2）考察道德观念。

当需要在面试中考察应聘者道德观念的时候，情景模拟法是一种较好的手段。值得注意的是，面试官所设计的情境应该让应聘者无法直接判断出怎样决策是对的，从而了解其真实的道德观念。此外，在应聘者回答过程中，面试官要对应聘者的回答不断进行假设和追问，同时要求对其回答做出合理的解释。

（3）考察职业规划。

考察应聘者的职业规划，实际上是在考察应聘者两方面的问题：一是应聘者的价值观和职业认知；二是应聘者的职业规划与企业提供的发展平台是否吻合。

对于前者，可以把对职业规划的考察与对求职动机的考察结合在一起设计题目，从而验证判断应聘者回答的真实性；对于后者，当他们的回答与企业的发展平台吻合度很低时，可尝试向他直接说明，一般情况下不建议录用。结构化面试法、行为面试法和角色扮演法在此都可采用。

（4）考察性格特点。

古语云："物以类聚，人以群分"。这句话表明了人往往会和那些与自己性格相似的人更亲近一些。在对应聘者的性格特点进行考察的时候，这个原理就是面试官进行推理的重要依据。对应聘者性格特点的把握，一是可以观察应聘者的外在表现，二是询问其人际交往中偏好的倾向，以此来判断应聘者的性格特点。

（5）考察工作经验。

对应聘者工作经验的考察，最常用的就是行为面试法和压力面试法。为了判断应聘者所作回答是否真实，必须不断追问其细节。此外，还需要重点考察应聘者是否能够把工作经验中的感性认知上升为理性思考，而不是在之后的工作中浑浑噩噩度日。

（6）考察沟通能力。

对沟通能力的考察，重点应放在应聘者是否能够从对方的角度理解和思考问题，也就是常说的换位思考；是否能够在针对不同对象时，清晰地表达自己的意思并有效地说服对方。角色扮演法是考察沟通能力较为合适的面试方法。

3. 电话面试的提问技巧

在实际工作中经常会出现这样的情况：当筛选完简历之后，直接通知候选人来公司面试，结果经常发现来人跟简历介绍的相去甚远，这样既浪费了时间，又浪费了精力。所以，电话面试应运而生。在预约时通过电话做简单的沟通，往往可以及时将不合适的人淘汰，从而提高面试效率。当然，如何设计问题才能在短暂的时间内达到预期目的，这是相当不容易的。对面试官而言，在电话预约时，能够从客观因素、职业发展、薪酬期望等几个大的问题对候选人进行筛选，对一些不合适的候选人，就没有必要安排面试了。

面试官：您好，请问是张先生吗？

张先生：是的，我是。

面试官：您好，我是某某公司人力资源部的鲁先生。

张先生：您好。

面试官：您好，我在前程无忧上收到您投给我们公司的简历，您应聘的职位是业务员。

张先生：是的，我投了。

面试官：我这次打来电话，想跟您进行一次简单的电话沟通，您现在讲话方便吗？

面试官：请问张先生，您现在是在职状态还是正在找工作？

刚开始，面试官应自我介绍，让对方知道自己的身份以及打电话的来意。然后确定对方是否方便接听电话，假如不方便，再约时间；假如可以，那就直接询问。之后确定对方的求职状态，假如对方正处于找工作的状态，那就进一步询问；假如对方还在职，那需要考虑岗位的招聘期限是否与之相匹配。假如相差太远的话，就说明情况，可以以后联系，并取消本次面试。

面试官：请问女士，您住在哪里？

应聘者：我住在…

面试官：我们公司在某某地方，距离有些远，您看这会不会给您上班带来不便？

面试官：女士，我看您的简历上从事了这几份工作，能说一下您的职业目标吗？

应聘者：……

面试官：通过这几份工作，您感觉你有哪些该职业的专长呢？

应聘者：首先，我办事思路比较清晰，做事风格比较果断……

面试官：能举例说明一下您最突出的专长吗？

应聘者：……

面试官：能不能简单讲一讲，你从事该职业时所遇到的困难？

应聘者：……

面试官：最后一个问题，女士，您在进行工作变更时，所期望的待遇在一个什么样的范围？

应聘者：不低于5000吧。

面试官：聊了这么多，您看您明天上午10点能到公司进行面试吗？

应聘者：好的，没问题。

面试官：我们公司的具体地址是……您可以乘坐某某路车到某某站下车。

应聘者：好的，我记下了。

面试官：记得来的时候，带上您的相关证件，带上笔，带上……

面试官通过电话预约时的简单沟通，能够将一些明显不合适的候选人淘汰，从而提升面试效率。当然，这只是面试环节的前奏，要对候选人进行更加系统的评价，还需要面对面的专业面试以及相关测评。

电话面试中的提问也要注意一定的技巧性。

（1）语气亲切自然。

在面试的开场导入阶段，应试者一般会带有或多或少的紧张情绪。因此，考官在面试开始前，应努力缓解应试者的情绪，让其尽量发挥出正常甚至更好的水平。

（2）简单提问。

在面试刚开始时，通常采用简单提问来缓解面试的紧张气氛，消除应聘者的心理压力，使应聘者能轻松进入角色，充分发挥自己的水平和潜力。这种提问常以问候性的语言开始，如"一路上辛苦吗？""你乘什么车来的？""你家住在什么地方？"等等。

（3）注意提问的顺序应从易到难。

一般说来，面试考官会在面试开始前准备好一部分试题，对于提问的顺序，基本上应遵循先易后难、先具体后抽象的原则，因为这样做可以有助于应试者放松紧张的情绪，进入面试的状态。

（4）声东击西。

面试考官若发现某一问题应试者欲言又止或者持不想说的态度，则可以尝试着问其他相关的问题，从而达到获取相关信息的目的。

（5）适当的追问。

为了更详细地了解某一信息，考官可以适时地对应试者进行追问。

4. 在轻松的气氛中提问

在面试过程中，除了压力面试外，面试官一定要设法让应聘者放松，因为人只有在放松的状态下才最真实。然而在面试时，应聘者一般会处于高度警觉的状态，会按照他们对面试官的第一印象来表现自己。显然，这种表现未必是真实的自我，这与面试工作的宗旨是大相径庭的。因此，有必要在这里对面试官提出要求：通过对面试气氛的控制，使应聘者显露出真实的一面。以下介绍几种常用的气氛控制方法。

（1）从自身角度控制气氛。

与应聘者聊聊家常，或是谈谈他们的业余生活，让他们做自我介绍，是面试官常用的手段。显然，坐在几个穿着正装的面试官前，特别是这几个面试官还关系着自己的前途，一般人都不会太放松。因此，除了与应聘者放松聊天之外，若公司允许，面试官也可以不着正装。此外，面试官笑笑，或是开开应聘者的玩笑，也是让应聘者放松的有效方法。

（2）从面试环境角度控制气氛。

面试的地点和环境也在很大程度上影响着应聘者的精神状态。通常情况下，面试地点的选择会受到公司现有资源和应聘者层次的影响。当应聘者层次较高时，尽量选择公司以外，如咖啡厅等地进行交流。这不仅能够使应聘者放松，也表达了对应聘者的尊重。这时候面试官还可以通过改变座位安排来控制气氛，如让应聘者坐在桌子后面，或是其他不会暴露全身动作细节的位置，能够有效地缓解应聘者的紧张情绪。

（3）利用谈话中的沉默来控制气氛。

以上两点都是讲如何使应聘者放松，第三点讲怎样让面试气氛正式起来。

通常来说，在谈话过程中，出现沉默会让人感觉不太舒服。在面试过程中，面试官可以通过主动地制造沉默来达到控制气氛的目的。比如：当应聘者胸有成竹地回答完一个问题后，往往不会再作补充，这时候面试官如果保持沉默，会让应聘者认为面试官还没有得到满意的回答，则会再对问题进行补充。这非常有助于面试官判断应聘者是否真实地表达了自己的想法以及是否完整地表达了意见。

面试官控制提问气氛的基本原则，是让应聘者的精神状态保持适中，既不太放松，也不太紧张。只有在此状态下，才最有助于应聘者发挥自己的真实水平。

反之，太放松容易过多地暴露自己的缺点，太紧张则会隐藏自己的缺点，这都不够客观。此外，对那些有备而来的应聘者，适当地增加紧张气氛，加大应聘者的压力，能够促使他们从事先准备好的面具中暴露出真实想法。而对于已经非常紧张的应聘者，则需要营造轻松的氛围，使之能够正常发挥。所以，面试提问时应该避免以下两个问题：

（1）避免提出直接让应聘者描述自己能力、特点、个性的问题。

即使问了这样的问题，也应该继续问一些行为性问题让应聘者举出具体的实例来证明他的回答内容。假如你问一名应聘者："你认为自己最主要的优点是什么？"他可能会回答："我非常善于和人打交道。""我很善于分析问题。"这样的答案对主考官来说不能提供任何有价值的信息，因为你无从验证应聘者的回答是否是真实的。比较好的一个解决办法就是追问一个行为性的问题，例如："请你举出一个例子来说明一下你在目前的工作中是怎么有效地与人打交道的？""能不能告诉我一个表现你卓越的分析能力的事件？"这样，应聘者就必须要讲出自己经历中的实例来证实自己的答案。

如果应聘者讲不出来或含糊其词、前后矛盾，那么他所讲出的自己的优点就要大打折扣。

（2）避免问那些多项选择式的问题。

这些问题会让应聘者感到正确的答案必然存在于几个选项中，他会根据主考官的意图做出猜测。因此应该将这些问题改成开放性问题与行为性问题。例如面试中面试考官问："你是怎么分派任务的？是分派给已经表现出有完成任务能力的人呢，还是分派给对此任务有兴趣的人？还是随机分派？"在实际操作中，不妨改为这种问法："请描述一下你是怎样分派任务的，并举例子加以说明。"

5. 观察面试者的回答细节

面试过程是面试官努力从应聘者的回答进行分析判断的过程，是提问与回答的博弈。应聘者在面试过程中表现出来的细节，是反映一个人的性格与心理状态的关键。所以，提问与回答的博弈，就是面试官与应聘者相互在细节上的考察。应聘者希望透过面试官的提问细节了解其考察重点，面试官希望通过观察应聘者的回答细节了解其性格特点与行为。细节考察实际上是和推理过程结合在一起的。

通常，面试官可以通过以下几个细节去观察应聘者。

（1）眼神交流中的细节。

眼睛是心灵的窗户，所以在面试过程中，眼神是很重要的。应聘者是否敢于和面试官进行目光交流，能表明他是否具有一定的自信。同时，长时间的对视也能表明应聘者身上潜在的挑战性。例如：有一名应聘者在压力测试时，从最初的不敢对视，到最终的怒目圆睁，反映了此人在压力下的心理曲线，面试官可以从此考察出此应聘者在压力下能坚持到何种程度。当然，怒目圆睁表明此应聘者已经在压力下崩溃，是不建议录取了。

（2）动作的细节。

动作最能反映一个人的心理活动。面试中的动作细节，如应聘者握手的力度；和面试官眼神交汇时，应聘者的眼神；在整个面试过程中，应聘者的坐姿、手的位置等等。

例如，有的面试中，面试官与应聘者相隔较远，面试官将应聘者的简历、学历等证明材料看过以后，站起来欠着身递给此应聘者，而应聘者接过资料时却没有离座。又如，有的应聘者在回答面试官提问时，眼睛会看着别处，而不是正视面试官，甚至会边整理书包边回答。这些应聘者在面试中的动作都反映了此人明显缺乏对面试官的尊重，心思没有百分之百地集中在面试交流上。由此可以推断，这些应聘者缺乏涵养，自我意识过强，在工作中一定不会是一名愿意与别人共事、能容忍别人缺点的人。

（3）表述中的细节。

面试中的表述方式主要是靠语言，因此应聘者的口才也应是面试官考察的重点。当然，每个人的口才存在先天性的差异，口才的好坏不会与应聘者的能力完全成正比。但是，一个人在运用语言表述时的细节，却很能表现他当时的心理活动。比如：有的应聘者会在回答面试官提问的时候，时不时地冒出一两句方言。

在面试这种紧张的环境下，这显然不是由于应聘者过于放松而做出的举动，应聘者的这种表述方式只能解释为此人将注意力集中在了回答问题上，而忽视了表达的方式，最终造成了他的表达面试官没有听懂。很明显，此人在沟通过程中缺乏换位思考，只是考虑了自己如何回答会比较顺口，而没有考虑对方的感受。由此可以判断，此人缺乏与别人沟通的能力，人际关系不会太好，也缺乏团队精神。

（4）回答态度上的细节。

有时候，面试官会遇到这样一种应聘者：他们努力地按照面试官所喜欢的方式回答问题，虽然听起来回答得还算合格，但总觉得有点不对劲。例如表现出过度的热情等。这种时候，对此应聘者一定要作详尽的背景调查。因为面试中应聘者的态度，不论是热情还是冷漠，都是应聘者心理状态的外在反映，有不和谐的地方，就必然存在不合理的地方。

（5）身体姿态中的细节。

一般来说，在面试过程中，面试官与应聘者都会隔桌而坐。此时应聘者大都会身体稍微前倾，这是由于紧张和注意力集中所致。同理，有的时候应聘者身体向后，斜靠在椅背上，则表明应聘者此时比较放松。如果这是面试官希望看到的，或是故意营造的气氛，此时则是不断追问的大好时机，这样能够较为准确地把握对应聘者的考察效果。

但是对于一些心理书籍中描述身体姿态的一些细节，如鼻孔张开代表愤怒、紧张等，或许正确，但在面试中却未必实用。所以，对身体姿态方面的细节观察，一定要结合面试工作的实际，切勿照本宣科地简单判断。另外，还要注意被面试者的一些动作是否是他的习惯动作。例如，通常紧张状态下人的鼻尖会出汗，但有些应聘者是由于屋内气温太高而出汗。面试官要留意同样的动作流露出的不同含义。

总的来说，从态度细节对应聘者进行推理，基本思路是这样的：

第一，根据面试官的自身经验，考虑通常什么样的人、在什么样的情况下会做出类似的举动。例如：有一名应聘者右手食指靠近中指的那侧微微泛黄，这明显是抽烟量大、烟龄长造成的。

结合此应聘者年龄不是很大却有如此长的烟龄，就有必要考察此应聘者的社会背景与家庭背景。

第二，根据应聘者的前后表现，对各种可能性进行排除。还以上面那名应聘者举例。如果面试官直截了当地问："你烟龄长吗？为什么手指会泛黄？"应聘者回答："昨晚一边抽烟一边看书，看着看着睡着了，导致手指被烟烧了。"如果此人所说属实，那么此人可能是一名控制力较差的人。因为作为一名抽烟者，应该对于烟没灭情况下睡着的危险性具备一定认识，可他还是睡着了，只能说明此人做事的控制力不强。如果此人所说不实，则更加让人难以接受。

第三，结合职位的要求和其他问题的回答，对应聘者的情况作出判断。上述应聘者的回答已经陷入了即将被淘汰的境地，但此时面试官还应该提出一些问题加以证明自己的看法。如，询问此应聘者周末通常几点休息，进一步证明该应聘者的自制力确如面试官所推测的。

6. 有效提问的 6 种问题类型

事实上，越来越多的人认为，面试是多变的，甚至会出现一些令人意外的问题。有时候面试就好像随便聊天一样，表面上看好像与传统的一问一答面试方式没有太大的区别，其实却存在很大的区别。随便聊天的面试，最大的特点就是看上去很随和，应聘者几乎感觉不到这是在面试，而面试官就在这个轻松的氛围中提问。比如："你是怎么来的？"假如回答："自己开车来的。"那面试官会接着问："什么时候学的开车？是家里人凑钱帮你买的吗？"假如是坐车来的，那面试官通常会问："在地铁里你常看到些什么？"又如面试官会问："你知道斯里兰卡的猛虎组织吗？""你对世界上的恐怖组织了解多少？""假如你是政府的官员，你认为该如何解决这些问题？"

先来介绍一下自己吧？你为什么会选择我们公司？你的薪酬要求是怎么样的？……类似这些问题在面试场合，我们经常都可以听到。不过，小娜的这次面试，也确实令人印象深刻。

事实上，小娜的面试经历是非常有限的，大学里参加的活动也不多。当时她去面试的是一家外企，在数位面试官面前，小娜感觉异常紧张，这时考官提问了："你觉得人为什么会紧张？"小娜根本没想到面试官会问这样的问题。沉思几秒之后，小娜回答说："我觉得紧张有两种原因，一是不够自信，而另一种就是因为把自己当演员，总觉得别人在看自己，需要掩饰自己真实的一面而让自己变得不真实，成为一名演员。"面试官继续追问："那你觉得你的紧张属于哪一种呢？"小娜回答说："严格来说我的紧张和这两种情况都无关，我可能是太在乎这份工作了，所以显得格外慎重和认真，我从来不当演员，我就喜欢做真实的自己。"小娜回答完整个问题，面试官笑了，随后几个问题的交流也很顺利。

面试官最后说："我们喜欢真诚的求职者，你明天就可以来报到了。"

就这样，小娜被这家外企公司录用了。

面试官要想完整收集必要的信息，可以透过不同类型的问题，技巧性地引导观察求职者。企管顾问史密斯指出，面试时可以运用的问题种类，包括以下六种提问类型：

（1）开放类型的问题。

面试官问这种问题的目的，是让应聘者比较深入地谈论自己。比如："为什么你想离开现在的工作？""为什么你想加入我们公司？""我们公司录用你的最大好处是什么？""在你原来的工作中，你最重要的职责是什么？"

（2）是非类型的问题。

这种问题只需要应聘者回答"是"或"不是"，以确认面试官手中已经收集的资料。面试官应该在必要的时候才使用这种问题，因为这种问题只是重复已有信息，不会增加公司对求职者的了解，比如："在你来北京之前，你是不是已经在那家工作10年了？"

（3）假设类型的问题。

这种问题本身没有对错，只是让应聘者表达自己的看法和意见。比如："有一种工作是忙的时候很忙，闲的时候很闲；另一种工作是工作量稳定，你会选择哪一种工作，为什么？""假如你必须从两种极端中取舍，你希望领导采取放任式的管理，只有当你出现问题才给予协助，还是希望领导定时询问你的工作情形，帮助你集中注意力在工作目标上？"

（4）追问类型的问题。

从应聘者的谈话中，衍生出问题来询问他，以便了解应聘者。比如，当应聘者表示，他之前的工作是秘书，必须负责接听电话、打字、帮主管安排行程等，面试官可以追问："你觉得当一个秘书，最重要的职责是什么？""你以前的工作需不需要加班？"

（5）情境测试问题。

面试官会给予应聘者一个建设性的情境，让应聘者回答，而且从中评估对方的判断力及所掌握的知识。比如："你是一家五金行的老板，有一天，一名店员告诉你，他觉得另外一名店员会偷店里的五金用品，你会怎么处理？为什么？"使用这类问题时，面试官可以事先将假设的情境写下来完整陈述，陈述完给予对方一些思考的时间，以便对方有机会回答，以厘清问题。

（6）行为类型问题。

这种问题的目的，是让应聘者以过去的行为实例回答问题，面试官可以从中评估应聘者的行为、经验及动机等。比如，"你有没有老板不在时，必须自己做重要决定的经验？你那时候是怎么处理的？""上一次你必须在时间紧迫的情形下完成工作是什么时候？你当时怎么做的？""你可不可以告诉我一个你不得不越权行事的经验？""你曾经主动争取更多的工作职责吗？""你参与规模最大的项目是什么？"

7. 控制好面试提问时的心态

来面试的应聘者往往都会戴上一张假面具，因为他们希望隐藏自己的缺点，仅把自己的优点展现给面试官。因此，面试官也需要不断地"变脸"来应对应聘者的"面具"。从某种意义上讲，面试官的工作特点就是要熟悉多重人格特征，在需要的时候像演员一样迅速进入角色，以期达到将应聘者带入情景气氛，考察出真实结果的目的。

话虽如此，但在实际操作过程中，这并不是件容易的事。不同角色转换过程中的心态控制，要求面试官本身要具备较多的人生阅历，知晓各种性格特点。当然，仅是面试需要的心态就够了，并不要求真的像演员那样演什么像什么。一般来说，面试官的心态控制有以下几种手段。

（1）以礼相待考谦逊。

面试官和应聘者在心理地位上存在不平等，但如果面试官打破这种不平等，主动降低身份为应聘者端茶送水、百依百顺，就会起到意想不到的效果。面试官的友善是应聘者最希望看到的，也是最容易使应聘者表露真实一面的。

特别是对那些看起来戒心很强的应聘者，面试官可以表现得友善而礼貌。如果应聘者表现得更加友善、礼貌，则表明此应聘者修养不错，并非弄虚作假；反之，则证明此应聘者此前的行为有伪装嫌疑，需要进一步考察。

（2）谈天说地见真心。

前两点都是面试官对紧张气氛的营造与控制，面试中也需要营造轻松的气氛来对应聘者进行考察。人在轻松的状态下往往会放松戒备，吐露真言。营造轻松气氛的最好办法就是与应聘者谈天说地，拉近彼此的心理距离。但是面试官需要清醒地认识到，这些都是为了去除应聘者的"戒心"，是为了让应聘者表现出真实的那一面，切勿"入戏"太深，耽误了正常程序下的面试考察。

（3）故作争执看反应。

与刁难不同，有的面试官会采用一种较为温和的方式来逼问应聘者，那就是与应聘者就某些观点展开讨论，必要情况下会发展成争执。这种方法多出现在对专业性较强的职位考察中，争论的重点自然也与工作有关。虽然此种手段相对温和，但也能够在那些内心不坚定的应聘者心中造成混乱。面试中的面试官和应聘者地位并不平等，面试官作为掌握应聘者前途的一方，拥有心理上的绝对优势。

大多数应聘者讨好面试官都来不及，更别说否定面试官的意见了。但是，正因为如此，那些坚持己见的应聘者才显得弥足珍贵。因为在专业性强的职位中，阿谀奉承的风气是很危险的，敢于坚持自己的想法才是优秀员工应具备的素质。

（4）攻其不备露马脚。

现在，市面上教授应聘者面试技巧的书籍层出不穷，虽然质量参差不齐，但应聘者的面试水平的确因此得到了很大提高。这就要求面试官必须比应聘者技高一筹。面试的时候，设计一些不常见的考察问题是必要的。当应聘者认为自己准备足够充分，对答如流的时候，面试官突然问一个很偏门的问题，会在瞬间击破应聘者伪装的面具。例如，刚刚口若悬河、对答如流的应聘者，如果面对突然性的提问而哑口无言，则显示他并不像先前所表现的那么优秀。此外，攻其不备地控制现场气氛有时还要求面试官具备临场发挥的能力。毕竟能够控制应聘者答题方向的面试官并不多见，精心设计的问题也许没有机会提出来，这时就要求面试官随机应变，在应聘者自我感觉良好的时候，出其不意地提出关键性问题。

（5）百般刁难不是错。

很多应聘者对面试官有惧怕情绪，见到面试官就会紧张，这大多是因为很多面试官都会在应聘中采用压力面试法，对应聘者进行百般刁难。压力面试法的特点就是面试官故意提出一些问题为难应聘者，或者用攻击性的态度给应聘者提出一些特别尖锐的问题，要求马上回答，借此考验应聘者的应变能力和面对不寻常情况时是否能够表现得体、胸襟是否开阔等。这并没有错，相反这在面试中是十分必要的。如果应聘者因为不明所以，认为面试官是故意刁难自己，动不动就"翻脸"，放弃了应有的基本礼貌和风度，这只能说明此应聘者忘记了求职的最终目的，自然会被淘汰掉。

第四章

职场提问术
——说得好不如问得好

领导在与下属的沟通过程中，为了有效地促进交流的顺利进行，势必会经过提问这一环节，提问也是讲究技巧的，沟通是两个人的互动，也就是彼此交换想法和意见，共同体验谈话带来的愉悦感。说得好不如问得好，有效的提问可以增加沟通的含金量。

1. 提炼出最有价值的问题

一名优秀的管理者在调研访谈中，首先应该是一名高超的提问者，拥有一双火眼金睛。其高明之处就在于，他会将自己的知识水平、社会阅历、学识口才、聪明机智等各种能力综合地融入自己的提问之中，让说话者跟着自己的思路走，从而顺利地获得自己想要的东西。其中最主要的一种能力，就是可以三言两语问出重点和要害信息。

国内有一家企业几十年来经营不善，勉力维持，最近终于下定决心改革。为了调查了解基层情况，于经理和乔经理受命进行各下属单位的改制调研。刚开始时，乔经理把员工召集起来，问道："你们部门的改制搞得怎么样？"

有些员工敷衍式地回答说："还行，还行。"

有些员工不愿回答："这么大的问题是你们领导该关心的，我不知道该怎么讲！"

总之，乔经理两天内问了上百个人，听到的实话也就两三句。

于经理说："你这样的方式是没有办法获得信息的，让我试一下吧。"

他首先找到了几位有多年从业经验的老员工与各部门的

主管，并且逐一问了下面的问题：

"你们部门（分公司）的改制是什么时候开始的？"

"你们看，我们的改制开始以来，取得了不少的成果。不过，相比之下，原来的体制有什么问题？这些问题主要体现在哪些方面呢？"

"在改制的过程中，你遇到过哪些困难与阻力，又是怎样克服的？"

"眼下的体制对于员工来说是有利的还是有弊端的？"

"你认为，下一步的改革还应该注意哪些方面？"

"在保障你们的利益方面，总公司遗漏了哪些地方？"

于经理的每个问题都很有针对性，且正中要害，是员工非常关心的话题。很显然，人们更乐于与他进行交流，他也获得了自己所需要的信息，汇报给了总公司。

过于空泛的问题不是人们喜欢的，因为这意味着无话可说，也只会让对方感到不知所措。要想让人愿意跟你聊，就得问到人们敏感的区域，问到重点，才能打开双方的话匣子，深入地交谈下去。因此，于经理在提问时增强了针对性，提出了具体和重要的问题，人们踊跃回答，他成功地收集到了第一手信息。

著名主持人蔡康永说："问的问题越具体，回答的人就越省力；回答的人越省力，他就越有力气和你聊下去。"虽然这是他主持节目多年的经验之说，但却是非常适合领导使用的。在日常工作中，比如，需要询问下属"你喜欢去什么样的国家旅行"这个问题肯定比不上"你在旅行时被骗过钱吗"；而"你喜欢什么样的工作"肯定比不上"你喜欢会计这份工作吗"。领导在向下属提问的时候，所问的问题要具体，太空泛了很容易令对方无从回答，那么交流就会受阻碍。其实，换个角度，将问题问得更具体，实际上也是为自己留"后路"，你可以通过提问来引起一个话题，而这个话题恰好是你能够掌控的，无形之中，你就暗暗掌握了话题的主控权。但是，在这样一个沟通过程中对方却没有不快之感，这才是提问的高明之处。

领导向下属所提出的每一个问题，要具体集中，不能含混不清，不能太宽泛。如果所问的问题太宽泛，会导致对方不知道该从何处回答，而且还有可能造成你的问题无趣，导致话题直接走入死胡同。

大多数的记者都善于提问，而且他们很清楚自己的目的。

一位记者讲述了自己提问的一次经历："有一次，我采访一些到日本打工的农民，我猜想下面的观众一定想知道他在日本工作和生活的情况，这一类的问题是一定要问的，但是，如果我这样问'你在日本怎么样？'那么，采访者可能不知道该如何回答，于是，我换了一个比较具体的问题'你在日本有没有最难忘的事情，给我们讲讲好吗？'如此一来，对方只需要讲一两件事情，我们就了解了他在日本工作和生活的情况。"

从记者的经历，我们不难看出，提问变得越具体，对方就越容易回答，同时，我们越容易掌握沟通的主动权。

　　领导在与下属沟通的时候，善于提问是很有必要的。一个好的问题可以引发出一个愉快的话题，而一个愉快的话题可以促进此次沟通的成功。当然，提出的问题尽量具体，做到有的放矢，切不可漫无边际、泛泛而谈，面对不同的谈话对象需要提出不同的问题。有时候，对方有可能是一个很健谈的人，如果你只是泛泛而问"今天过得怎么样"，他可能就会从早餐开始一直谈到今天的天气、交通状况等，如此漫无边际的谈话，从中你既不会得到自己需要的信息，也不会感到愉快，只会感到相当烦躁。如何才能问得恰到好处呢？

　　（1）提问越具体，越容易掌握话题的走向。

　　如果你向下属提出"你喜欢什么样的工作"，由于话题本身的笼统性，下属有可能会给出你意想不到的答案，比如，"我喜欢做自由职业者""我不太喜欢现在这份工作"，如此一来，势必会造成沟通的尴尬。这样的提问，领导者无疑是自讨苦吃，或者下属给予一些模糊的答案，如"我不知道""都很不错啊"，如此敷衍的答案也没法让你清楚地判断下属心里到底在想什么。所以，向下属提问，问题越具体，领导者就越容易掌握话题的走向。

　　（2）通过提问营造和谐气氛。

　　在沟通一开始，领导可以以提问制造出双方都想谈话的气氛，引导下属走入自己所谈论的话题中，这时，下属会有一种终于找到了了解自己的人，以为自己碰到了职场知己，而他也感觉到与你谈话是轻松的。

　　（3）学会提出让下属更省力的话题。

　　有的问题太泛泛而谈，让人难以回答；有的问题太笼统了，答案并没有在自己掌控范围之内，那么如何提出让对方更省力的具体问题呢？在现实工作中，领导者可以尝试这样的发问方式：即先问两三个像是非题或选择题的具体问题，把下属有兴趣聊的范围给搜索出来，再用申论题往下问。

2. 给上司提问题和建议的技巧

在迫不得已的时候，需要给上司提问题和建议。一般情况下没有人肯冒这个险，惹上司发怒，是一件棘手的事，不过还是有化解技巧的。

帕特丽夏·科克女士是马萨诸塞州智囊团的成员，她工作精干而颇有建树，但始终没有被提升。终于在某一天，她为这事与上司争了起来。

"在争论中，我们互不相让，气氛十分紧张。"这位女士后来回忆说，"然而这场唇枪舌剑之后不久，我就不得不离开了那家公司。"

非常遗憾，科克没有遵守同上司打交道的基本规则，没有把握取胜，别轻易向"头儿"开战。不过这并不意味着避免与上级冲突。对一位不甘寂寞的下属来说，至关重要的恰恰不是唯唯诺诺，而是把自己的不同见解恰到好处地向上司表明。而避免矛盾，只能暂时奏效，长此以往，下属吃不香睡不实，人格受贬，上司则耳不聪目不明，指挥无当。

如何才能做到既提出问题和异议，而又不冒犯上司呢？以下几条规则也许对一些欲言又止的下属们有些参考价值。

（1）选择恰当的时机。

在找上级阐明自己不同见解时，先向秘书了解一下这位头头的心情如何是很重要的。

即使这位上司没有秘书也不要紧，只要掌握几个关键时间就行了。当上司进入工作最后阶段时，千万别去打扰他；当他正心烦意乱而又被一大堆事务所纠缠时，离他远些；中饭之前以及度假前后，都不是找他的合适时间。

（2）有火先把它消掉。

如果你怒气冲冲地找上司提意见，很可能把他也给惹火了。所以你应当使自己心平气和，尽管你长期已积聚了许多不满情绪，也不能一股脑儿抖搂出来，应该就事论事地谈问题。因为在上司的眼里，一个对公司持有怀疑态度，充满成见的下属，是无论如何无法使他重鼓干劲的，这个下属也就只能另寻出路了。

（3）鲜明地阐明争论点。

当上司和他的下属都不清楚对方的观点时，争论往往会陷入僵局，因此下属提出自己的见解时必须直截了当，简明扼要，能让上级一目了然。

在纽约市政部门任职的一名科长克莱尔·塔拉内卡很少与上级有摩擦，但并不是说她对上司百依百顺，她会把自己的不同意见清楚明了地写在纸上请上司看。"这样能使问题的焦点集中，有利于上司去思考，也能让上司有回旋的余地。"她说。

（4）提出解决问题的建议。

通常说来，你所考虑到的事情，你的上级早已考虑过了。因此如果你下能提供一个即刻奏效的办法，至少应提出一些对解决问题有参考价值的看法。

（5）站在领导的立场上。

要想与上级相处得好，重要的是你必须考虑到他的目标和压力，如果你能把自己摆在上级的地位看问题、想问题，做他的忠实合伙者，上级自然而然也会为你的利益着想，有助你完成自己的目标。

3. 由浅入深地提问题

在与下属的沟通过程中，需要领导经常提问，而如何提问则成了非常关键的问题。在很多时候，我们所提的问题并不是直接提出来的，而是需要设置铺垫的。简单地说，提问需要逐层递进才不会显得突兀。一个好的问题提出来，不仅有助于下属对于问题的理解，而且可以充分调动下属的积极思维，活跃谈话气氛，让下属积极地参与到话题中。不过，在现实工作中，我们常常发现领导在提出一个问题后，下属可能会目瞪口呆，一时回答不上来，其实，这并不是下属没有能力回答，或者说下属笨，而有可能是领导提出的问题和答案之间的思维跨度极大、关联性不是很强，自然下属就回答不上来了。就像是一个人在上楼梯，如果楼梯都找不到或者楼梯台阶太高了，他又怎么上去呢？所以，领导在与下属沟通的时候，要学会提问，在提问之前要有所铺垫，注意思维的连贯性，注意引导，为下属设置好台阶，这样，下属才容易回答你的问题。

在日常工作中，上下级之间的沟通是必不可少的，而让下属说得越多，领导了解下属真实心理的机会就越多，只有当领导完全了解了下属的所思所想，方能为己所用。如何让下属说得更多，那就是善于提问。提问，它是社会交际中常见的一种活动，如何使沟通按照自己计划的进程发展，使对方说出自己想要得到的回答，这取决于提问技巧的高低，提问的一个重要作用就是让对方为自己解疑释难。有时候为了能够详细地了解对方的真实情况，我们需要先提出简单的问题，以此做好铺垫，再增加问题的难度，触及问题的实质，达到自己的最终目的。这样的提问方式，也就是"逐层递进、由浅入深"，而如此的提问方式大多见于课堂中。

王东是中学政治老师，他说："我们在提问时，要分层提问，化难为易，化大为小，把课堂提问当作一门艺术，这样，我们才能够运筹帷幄地统领全局。另外，这样的提问方式也能够很好地结合学生的实际，进行有计划、有步骤的系统化的提问，以层层深入地引导学生向思维的纵深发展。"

在一次政治课上，王东在讲到"商品"这个概念的时候，他设计了一连串问题来启发学生层层地深入了解。一开始上课，王东就提问："同学们，我们的吃、穿、用的物品是哪来的？"学生异口同声地回答："市场上买的。"王东老师接着问："那市场上出售的商品又是从何而来？"有学生回答："劳动而来的。"王东老师继续问："所有的物品都是劳动产品吗？所有劳动产品都是商品吗？"学生们摇摇头，却又说不上来，王东老师问："原因是什么呢？"这样几个问题一一回答下来，使得"商品"的外延范围越来越小，逐渐显现出了内涵。最后，王东老师轻易揭示了商品的属性："商品就是用来交换的劳动产品。"课程结束后，王东老师总结说："这样的提问方式，循序渐进，能够带领学生轻松地跨越思维的台阶，学生比较容易接受。"

　　领导向下属提问，其实就恰似老师向学生提问。在提问的时候，需要有所铺垫，你的问题提出来才不会显得突兀。比如，领导一开口就问"这事你怎么办成这样？"而在这之前没有任何的提示、铺垫，那些反应不够快的下属会摸不着头脑，不知道你问的究竟是什么。

　　一位主持人回忆了自己的一次采访经历："在一次采访中，我们要通过散装水泥谈到节约型社会，如果一上来就大谈如何建设资源节约型社会，感觉很空洞，观众也不会喜欢，因此，我们就先从解释散装水泥说起，最后升华到提倡资源节约型社会，这样就很自然地达到了目的。"所以，在日常工作中，领导提问要善于掌握谈话的真正目的，提问方式须由浅入深、由表及里，如此才能够获取自己想要的信息。

（1）由浅入深。

在正式提问的时候，需要做到由浅入深，任何谈话在最初谈话时都会从一个很浅显、很小的点开始，一点点地深入。比如，许多主持人在采访名人的时候，有可能第一句话只是"你最近在忙些什么？"以最浅显的最近动态，慢慢延伸，再聊到其关于感情、工作方面的话题，从来没有一个主持人开门见山就问："听说你的公司最近亏损了，到底是怎么一回事，能给我们说说吗？"这样的提问对采访者显得不够尊重，另外，观众也不太容易接受这样的提问方式。由浅入深的提问方式，恰恰是领导者需要学习和借鉴的。

（2）由表及里。

在询问到某一大问题的时候，领导不要着急触及问题的实质，而是先从表面下手，先询问下属几个简单的问题，等铺垫做得差不多了，再问及问题的实质，这样，会显得你的提问不那么突兀，而且自然，下属也就容易回答了，整个谈话也能顺利进行了。

4. 提议前要充分准备

俗话说"凡事预则立，不预则废。"我们在提问之前还应该做好准备工作，这样在提问时才能应付自如、游刃有余。在日常沟通中，许多能说会道之人，说起来头头是道、娓娓道来；有的人却吞吞吐吐，磕磕巴巴，词不达意。为什么会出现这样的差别呢？这就在于说话者是否做好了准备。有针对性的提问前期准备，包括说话对象、收集相关资料、明确自己的主旨、制造说话机会、设计提问细节等等。正所谓"知己知彼，百战不殆"，对于提问而言，也是如此，做足了准备，你才可以问得更好。提建议其实就是批评的一种，目的是为了改进工作，既然有建议就意味着上司在工作中有所失误，所以，建议切忌明目张胆。

每一个人都有一个或多个想法，而且常常自信这些想法若被实施将会大大提高工作效率。真正有事业心的人难免向领导提供建议，做这种事应注意的是不必太急。

首先，从上司的角度来看，你的想法也许没什么了不起——事实上，也许很不成熟。而且，你要记住，他的看法与你完全不同。有许多内在的因素你大概并不十分清楚，但当它们与其他事物放在一起时，就很可能明显地表现出来。你的建议有可能使你的上司与组织的其他成员，包括他的上司在内的人发生冲突。至少，实施你的建议很可能耗费他的时间。即使你认为从长远的观点来看，你的建议会节省他的时间，但你要记住，管理者往往是注重短期行为的。

还有一个因素值得考虑：提出一个改进工作的建议，事实上意味着你认为目前的工作并不理想。换句话说，这里面含有一种批评的弦外之音。接受你的建议意味着，在他的工作中有不足之处。但不容忽视的是，上司有时也很自负，他们不愿承认他们工作中有不当之处，在下属面前尤其如此。

因此，当你想提问题和建议时，应当慎重。

（1）注意选择提出建议的时间和地点。如果要提的建议有助于解决上司正在认真思考的事的话，那么很显然，你在这时提出的建议一定会引起他的重视。而且，上司在情绪良好的时候一般更容易接受你的意见。还有，给上司提建议时，无人在场要比有人在场好，除非你有把握相信，其他人会支持你的建议，并且上司对他们的支持反应良好。

（2）提建议的方式以尽可能少地打扰上司的日常工作为宜。通常的方法是事先做好大量与实施的建议有关的工作。例如，如果你认为上司应该通知生产部门注意某些顾客对产品质量的抱怨，那么，你可先试着为上司起草一份材料。如果你很了解上司的话，那你在提建议的时候就可以把这封信交给他。一般而言，让上司签字总比让他撰文要容易得多。

（3）从上司的角度考虑事情，不要竭力向他提出你的任何主张。推行组织变革很像打台球，当你瞄球的时候，不仅要考虑球往哪里打，而且还要考虑它碰上别的什么球以及它们又滚向哪里。现代组织是一个由许多相互关联、极为敏感的部门组成的复杂的有机体，身处高位的上司比你更能看到并估价这些部门之间的相互作用。但是，只要你密切注视正在发展的事物，只要你留意在你工作范围内的其他能表明或影响上司观念和行为的文件，你就能提出既有利于你也有利于你的上司和组织的建议。

为了使你的建议得到上司的采纳，在提建议时，应注意以下几点：

（1）不可抱着改变对方主意的心情和他争论，也不要试图去"赢"这场争吵，只要陈述自己的观点就可以了，但也不应该让人感到你在说教。

（2）强调共同之处。任何争执，都有某些双方同意的见解，应该强调这些；如果过分强调分歧的意见，必然使对方不服。

（3）不要以表达不同见解来证明自己高人一等。

（4）在你不同意对方的意见之前，必须要先了解对方的立场，以求没有误解对方的意思。不过，在未澄清之前，切忌假定意见已有分歧。

（5）其他人在场时，不要提出使对方感到为难或难堪的意见。

（6）保持愉快态度、不要表露出愤怒、不耐烦的情绪。要保持温和、愉快，避免打断对方的讲话，不要用皱眉、摇头等动作。

（7）在表达意见的时候，要具有选择性。如果在一切事情上挑剔，人们很快就不愿听你的了。

（8）在提建议时，不要贬低别人。

5. 委婉迂回的提问方式

在现实工作中，面对一些尖锐的问题，领导者又该如何提问呢？有的领导者在这时依旧把自己的姿态摆得很高，以审判者自居，于是，把那些限于不幸或处于难堪境地的下属当作应该谴责的对象。他们在提问的时候，语气总是处处露锋芒，提出一些尖锐的问题，诸如，"听说你的公司倒闭了？""你离婚了吗？"等。虽然，在他们内心深处并没有太大的恶意，但是，如此尖锐地提问会让下属感觉自己是在接受"审问"，同时，那些尖锐的词语或者带着审判意味的语调都会令下属感觉很受伤。作为领导者，即使只是毫不在意地提出一个问题，但所造成的后果却是严重的，下属有可能会因为这个问题而受伤，心生不快。其实，沟通的目的在于更好地了解彼此，把自己的想法和意见有效地传递给对方，在这一过程，不要给语言穿上"刺猬服"，也不要咄咄逼人，而是需要把温暖传递给对方，减少问题的尖锐度，让对方不会觉得难以承受，这样他会明白你是在关心而不是审问他。

古人曰："曲径方能通幽。"提问也是一样的道理，在现实生活中，许多领导热衷于直截了当地提问，不修饰、不绕圈子，虽然这样提问比较真实，但是它使得问题太尖锐，不具备实际操作性。提问的目的是引起谈话双方的兴趣，为话题做好铺垫，这样才有助于话题顺畅地进行下去。而提问最为关键的一点是，营造出和谐的谈话氛围，直截了当地提问极有可能伤了下属的面子，而尖锐的问题只会令下属感到难堪，破坏了原有的和谐气氛。因此，在提问的时候，领导者不妨绕个圈子，采用迂回的提问方式，否则，你难以将话题继续下去。

孟子这样问齐宣王："假若一个人，把妻室儿女托付给朋友照顾，自己到楚国去了，等他回来时，妻子儿女却在挨饿受冻，对于这样的朋友，你该怎么办呢？"齐宣王回答：

"和他绝交。"孟子继续提问："假若管刑罚的官吏不能管理他的部下，怎么办？"齐宣王回答说："撤掉他！"孟子又问："假若一个国家搞得很不好，那又该怎么办？"这时，齐宣王只好看看左右，也不再说其他了。

在这里，孟子并没有直接问齐宣王："假若一个国家搞得很不好，那又该怎么办？"这样的问题太尖锐，会扫了齐宣王的面子，况且，即使这样直白地提问了，自己也获取不到想要的信息。所以，孟子先以绕圈子的方式提出两个设问，诱使齐宣王做出了肯定的回答。然后，孟子再委婉地提出应该怎样处置不会管理国家的国君，这时，齐宣王无言以对，最后只能接受孟子的建议。齐宣王作为一个国君，孟子的建议并没有使他感到难堪，这样的语言表达方式十分适合下属向上司委婉建议。

陶行知说："发明千千万，起点在一问。禽兽不如人，过在不会问。智者问得巧，愚者问得笨。人力胜天工，只在每事问。"其中，"问得巧"就是将那些尖锐的问题"柔"化，或曲解，或迂回，或绕圈子，不露锋芒地获取信息。

一位刚刚进城的年轻人走进了咖啡厅。刚一坐下，他就拿起桌上的餐巾围在脖子上，老板看见了，吩咐一个服务员："你过去告诉他，他好像弄错了。"服务员走了过去，对年轻人说："对不起，先生，您是要刮脸，还是要理发呢？"年轻人听了这话立即拉下了脸，头也不回地走了。

服务员这样的提问虽然采用了迂回的方式，但是似乎圈子绕得太远，而且不太符合场合礼仪。想想，谁会跑到西餐厅来刮脸或理发，这种看似委婉的提问，在年轻人听来却异常尖锐，好似话语中带着某种讽刺和嘲弄。所以，即使绕个圈子提问，领导者也需要注意交际场合，否则，问题会变得尖锐，不仅令他人感到难堪，同时也让自己下不了台。

一个问题可能有多种提问的方式，简单地划分无外乎两种：直问和曲问。直截了当、单刀直入地提问叫直问；从侧面或反面迂回地提出问题，叫曲问，问在此而意在彼，它不从常规出发，而着眼于提问的方式，可以很好地照顾对方的心理。不可否认的是，新颖别致的曲问，成为领导者日常交际中常用的一种提问方式。

那么，在现实生活中，领导者该如何将尖锐的问题委婉地提出呢？

（1）试着了解他人的处境。

沟通是建立在平等的基础之上的，作为领导者，没有必要带着某种优越感去看待别人，一旦你有了某种优越感就会导致沟通的失败。所以，面对别人的不幸遭遇，或者面对别人难以开口的问题，不要粗鲁地带着尖锐词语直接质问，而是采用谈话的方式，试着了解对方的处境。当你发现自己所提的问题比较尖锐的时候，尝试着倒退两三步，试着去理解对方所处的境地，尽量把问题变得圆润而委婉。

（2）把刺耳的字眼换成"具体陈述"。

在提问的时候，尽量把那些对方听来觉得刺耳，有审判意味的字眼改成一些具体陈述。比如，主编在询问下属关于抄袭这种敏感话题的时候，可以这样说："某学术期刊上面有篇论文跟你上个月交上来的那篇内容上有重叠的部分，大概有5000字。"虽然这种"具体陈述"的提问有点麻烦，但却显得很具体，听起来没有直接指责的意味，只不过告诉对方你在就事论事而已。

（3）必须提出尖锐的问题，可以适当借助"抽象的第三方"。

当然，如果是遇到公事上的问题，你必须提出尖锐的问题，这时候，建议你摆出抽象的第三方来当挡箭牌。比如，谈到公司里某些贪污的新闻的时候，领导可以摆出第三方势力来提醒那些下属，如"你就任即将满三年了，媒体记者们在报道你的政绩时，恐怕也一定会提到一直都没有得到你亲口澄清，有关两年前的那则受贿事件的传闻"，当然，这招也可以用在你向上司提出问题时。

6. 不同的人问不同的话

提问是开启交流对象的钥匙，但是，这并不代表领导者可以任意提问，凡事都有一定的限度，提问也是一样。作为领导者，你所提的问题应该有分寸，因人而异，分清状况，这样，自己才能从中获取想要的答案。有时候，即使是同一个问题，往往也会因人而异，毕竟，人们会从多角度、多侧面地去思考。因此，作为领导，提问的时候，需要"因人而异"，面对不同的下属，给予不同的提问，这样，我们才能获得一些有价值的信息。有人说："只要你掌握了一定的问题尺度，即使你没有各种专长，也足以应付各种各样的人。因为如果不能回答对方，你可以一直提问。"通常情况下，沟通就是从提问开始的。

俗话说："到什么山头，唱什么歌。"提问也是一样，对不同的人，应该问不同的话。如果下属是一个喜欢钻研房地产的人，那么，你可以这样提问："最近房价怎么样？我还想买套房子呢。"若是遇到一个医生客户，你可以问："近来乙型肝炎好像又开始流行，你们大概忙于给一些人打预防针吧？"遇到卖电器的老板，你可以询问："哪种牌子的抽油烟机最实用？"的确，我们完全可以通过提问来打开交谈之门，不过，我们需要掌握问题的分寸，最好是问对方所知道的问题或最内行的问题。

哈里森是一名电机推销员。不久前，一位工程师到车间视察，用手摸了一下之前哈里森推销给他们的电机，感觉很烫手，他便断定哈里森推销的电机质量肯定很差。于是，等到哈里森再次登门拜访的时候，工程师直接下了逐客令："哈里森，你又来推销你那些破烂！不要做梦了，我再也不买你那些玩意儿了！"哈里森并没有正面反驳，而是提问："好吧，斯宾斯先生！我完全同意你的立场，假如电机发热过高，别说是买新的，就是已经买的也得退货，你说是吗？"斯宾斯回答说："是的。"

哈里森继续提问："当然，任何电机工作时都会有一定程度的发热，只是发热不应该超过全国电工协会规定的标准，你说是吗？"斯宾斯先生点点头，回答说："是的。"哈里森笑了，问道："按照国家技术标准，电机的温度可比室内温度高出42℃，是这样的吧？"斯宾斯表示了赞同："是的。但是，你们电机的温度比这高出许多，昨天还差点把我的手烫伤了！"哈里森似乎很满意这样的答案，又提出了问题："那么，请问一下，你们车间里的温度是多少呢？"斯宾斯先生回答说："大约24℃。"哈里森十分高兴："车间是24℃，加上电机的42℃，一共是66℃，请问，斯宾斯先生，当你把手放进66℃的水里会不会被烫伤呢？"斯宾斯点点头，哈里森达到了自己的目的，说道："那么，请你以后千万不要去摸电机了，我们产品的质量是绝对没有问题的。"

相信我们都猜到了结局，是的，哈里森凭借着自己善于提问的技巧，他又成功地做成了一笔生意。而且，在哈里森与斯宾斯先生交谈的过程中，哈里森完全明白斯宾斯所担心的是哪些问题，所以，他每每提问的时候，总是诱导对方做出肯定的回答。这样一来，哈里森就完全掌握了话题的主动权，因此，他最后达到了自己的目的，赢得了胜利。

张婷是一家房地产公司总裁的公关助理，奉命聘请一位特别著名的园林设计师为本公司的一个大型园林项目担任设计顾问。但这位设计师已退休在家多年，且此人性情清高孤傲，一般人很难请得动他。

为了博得老设计师的欢心，张婷在正式拜访之前做了一番调查，她了解到老设计师平时喜欢作画，便花了几天时间读了几本中国美术方面的书籍。这天，她来到老设计师家中，刚开始，老设计师对她态度很冷淡，张婷就装作不经意地发现老设计师的画案上放着一幅刚画完的国画，张婷边欣赏边询问："老先生，您是学清代山水名家石涛的风格吧？"这样就激发了老设计师的谈话兴趣。果然，老设计师的态度转变了，话也多了起来。

在日常交际中，有的问题是我们需要避免提问的，因为它没有分寸，有失礼仪，自然不能引起对方的兴趣，甚至还有可能因此而得罪了对方。在这点上，领导者要记住，提问要因人而异，看清状况再提问，这样，胜算会比较大。

另外，在提问的时候，领导者还应该注意：

（1）对方不知道的问题不宜提问。

有时候，当我们不能确定对方能否回答自己的问题，那么，我们最好选择不提问。比如，你向一个老师提问："今年你们学校考上了多少个重点生？"这个问题对方很可能就回答不出来，因为一般的老师谁也不会去费神记这个数字，对方的回答很有可能就是："不太清楚。"这样使对方感到有失体面，我们自己也会感到没趣，诸如此类的尴尬提问就应该努力避免。

（2）同行不宜过多地提问。

现代社会是一个竞争的社会，任何人都不愿意将自己的情况告诉一个有可能成为竞争对手的同行。如果你向一个同行询问经营或管理方面的问题，无疑是自讨没趣。

（3）政治问题不宜提问。

如果对方不是一位政治家，我们最好不要就某个重大的政治问题向他提问。因为对于普通人来说，他们对政治的看法是有很大分歧的，对方即使有一定的立场，也不会回答你所提的这类问题。

（4）应该避开敏感话题。

在任何时候，我们都应该避开一些交流的敏感话题，比如，女孩子的年龄、对方的收入等。凡是对方不愿意被别人知道的事情都应该尽量避免提问。提问的目的是引起双方的兴趣，如果你的问题让对方感到没有任何兴趣，那问题就是白问了。

（5）提问不宜"打破砂锅问到底"。

提问也可以体现一个人的修养问题，对于某些问题不要刨根问底，否则就显得自己很没有修养。比如，你问对方住在哪里，对方回答说"上海"，这时候你就不宜继续问下去了。如果对方愿意让你知道，他会主动谈论，否则，对方就是不想让你知道，你自然就没有继续追问的必要性。

7. 用提问调动内向者的积极性

在日常生活中，当我们说"某人性格很内向"时，脑海里总会浮现这样的形象：一个人永远坐在房间的最角落，总是默默地低着头，不说话，偶尔会露出一丝笑容，每天独来独往，以至于哪一天他没来，也没人发现。通常这样一个人是容易被忽视的，因为他们总是独孤地坐在一个角落。而且他们似乎很没有主见，总是一味地顺从，一副恭顺听话的样子。在我们身边就有这样的朋友和同事，以至于我们开始忽视他了。每次见面就是打个招呼"你好"，更有甚者几乎不说话，见面只是微微一笑。通常情况下，他们不会说出"不"，总是"好""是的"，面对别人的提问，他们从来都只是点头和摇头，好像自己没意见似的。即便他们心中有着另外的看法，但由于他们性格内向，也总会说"我跟你们是差不多的看法"。于是，尽管他坐在那个角落里，却好像完全被人忽视了。

王先生是某家建筑公司的工程师，性格比较内向，不过在工作中却能够独当一面，深得老板的青睐。不过，即便是这样一个老实巴交、性格内向的人也会犯一些错误。有一次，王先生参与的楼房改造出了一些意外，设计稿与实际存在6厘米的误差，这是非常大的误差。公司紧急召开会议，商量如何解决这个问题。

在会议上，总经理问道："想必大家都知道这次开会的目的，我想先问一下王先生，你知道这次开会的目的吗？"其他成员面面相觑，面露难色，王先生唯唯诺诺地回答说："知道。"经理又问："那你说说这次会议的目的是什么？"王先生说："为了解决我工作上的失误。"经理问："由于你的失误，公司需要承受很大的损失，你说你该怎么承担呢？"王先生说："我主动辞职。"

听了这样的话，会议室瞬间安静了下来。总经理更是暗自叫苦，自己提问的目的本来是想让王先生认识到错误，然后更加卖力地工作。王先生的能力是大家有目共睹的，公司并不愿意失去他这个人才。但是，没想到在一连串问题之下，性格内向的王先生竟然因自责而主动提出辞职。

王先生本来已经想到了解决问题的方案，不过在总经理提问之后，他却一直想不起来，只记得自己需要主动辞职来弥补此次失误。这个案例，主要在于总经理不懂得如何提问内向的王先生，导致公司失去了王先生这个人才。所以，在实际工作中，对内向者提问，首先要考虑他们的心理承受能力，注意问题的温和度，避免出现双方都下不了台的局面。

内向者不愿意说话或说话很慢时，他们常常是没有将心思关注到人们的谈话之中。其他人会觉得内向者不会提供任何有价值的观点，内向者自身也会这样认为，所以他索性做一个安静的听众，或只是委婉地说两句，或干脆不发表任何意见。此外，内向者一开口比较有深度，这会令其他人感到不舒服，于是人们就选择忽视内向者所提的观点，他们更倾向其他人所表达的东西。这时其他人忽视了内向者，而内向者自身也感觉到被忽视了。

张经理是一位善于提问的领导，尤其是对于秘书小李。其实，小李对自己的能力很有信心，唯一担心的就是自己性格比较内向，不知是否能与团队成员有一个很好的沟通。但是，因为有善于提问的张经理，他对自己越来越有信心，工作也越干越出色。

张经理在向小李提问时，非常热情，比如，在询问小李能不能接受工作完成任务的时候，他会问："能不能按时完成任务？"小李回答："能。"这时张经理会问："像你这样年轻的小伙子，声音这么低，大点声音告诉我，能不能按时完成任务？"小李大声回答说："能。"张经理说："这才对嘛，我相信你的能力，你一定能够创造新的业绩的，对不对？"小李大声回答说："是的。"就这样，在张经理善于提问的调动下，小李变得越来越积极，逐渐受到张经理的重用。

通常情况下，内向者才华横溢，自律性较强，对公司的忠诚度比较高，所以，必须调动这些人的积极性。实际上内向的人往往是表面冷内心热，假如领导者通过善于提问，将他们的积极性调动起来，那他们所爆发出来的潜力将超过外向者。只要我们能够站在内向者的角度去寻找突破口，以真诚、耐心的态度去对待他们，多鼓励少质疑，多安慰少批评，那就能有效调动内向者的积极性。

（1）保持诚恳的态度。

内向者心理比较敏感，所以，我们在对他们进行提问时要保持热情、诚恳的态度，否则当他们感觉不到我们的真诚和热情的时候，就会对我们失去信任，从而影响整个提问效果。假如在提问时能够适当给予他们鼓励，他们就会鼓起勇气谈论。

（2）提出对方感兴趣的话题。

对内向者提问，提出的问题最好与内向者有关。比如，可以提内向者感兴趣的话题，与他利益相关的话题等。总而言之，是对方感兴趣的话题，这样对方才愿意回答。

（3）选择温和的问题。

内向者往往比较胆小，多少有一些自卑心理，所以对这类人进行提问，需要注意问题的温和度。在实际提问的时候，不能提太尖锐的问题，即便发现他们在某些事情上出错了，也不能当着许多人的面说。毕竟内向者向来习惯自省，工作出现了差错，其实他们内心也很着急。

第五章

营销提问术

——问题对了好成交

　　所谓营销，不只是卖出东西，而是用产品或服务去满足客户的需求。但是，我们未必知道客户的需求是什么，假如我们一定要知道，那办法只有一个，那就是提问，只有这样，我们才会赢得客户。

1. 在提问之前，先学会倾听

在口才技巧中，提问是一门学问。良好的提问能够充分了解对方的想法，得知你想要的信息。在销售中，学会提问也是销售员必须掌握的技巧。如果不会提问，你就不知道客户在想什么，他的需求是什么。从一定程度上说，提问是销售沟通进行下去的必要条件。

想要掌握提问的技巧，学会聆听对方的话是前提。不能够聆听对方在说什么，你的提问就无法具有针对性，更无法激起对方回答的兴趣。有位哲学家曾说过，"自然赋予我们人类一张嘴、两只耳朵，也就是让我们多听少说。"倾听是迈向智慧、成功的第一步。

> 杰森和露丝是一对恋人。露丝的生日要到了，杰森决定带着露丝一起去买一件露丝喜欢的生日礼物。
>
> 在逛街过程中，露丝看中了一套名牌服装。杰森一看标价牌就倒吸了一口冷气——6880元。杰森感觉这衣服太贵了，但看着女朋友那渴望拥有的眼神，他只好横下一条心，做好跟店主杀价的准备。
>
> 杰森："我想给我女朋友买一件生日礼物。她看中了你们店里的这件衣服，但你们卖得太贵啦，能不能便宜点？"

店主："不怕不识货，最怕货比货。表面上看这件衣服很贵，但比较下来，它却一点都不贵！您要知道，这可是意大利名牌，又是今年的最新款式，我们现在已经是最实惠的价格了。如果您有诚意购买，我最多可以给您打九五折！"

杰森还价道："六折！"

店主："这不可能！哪有这么便宜的，这个折扣我连进货都进不了。如果哪有这么便宜的货，您找来卖给我好了，有多少我进多少。这样吧，看您也是有心购买，给您一个最低价，九折！不能再低了。"

杰森："九折还是太贵了，能不能再便宜点？八折！"

店主："不能再低了！这套衣服和很多衣服比较起来，确实显得有些贵。然而，像这么名贵的衣服就要穿在那些高雅的女士身上。像您女朋友这么漂亮，就应该穿上这样一套衣服。您先让她试穿一下这套衣服，我敢保证一定很好看。穿上试试吧？"

店主希望给客户一个购买的身份，同时引导客户体验拥有的感觉。当露丝把衣服试穿到了身上后，店主马上说："您看，你们看，多好看！多显档次和高雅！您真幸福，有这么好的男朋友，能给你买这么好的生日礼物。我开了这么久的店，很清楚只有那些真正爱他女朋友的男孩子，才舍得买这么名贵的衣服给他的女朋友。你一定会让别人羡慕甚至嫉妒的！"

店主的一番话滴水不漏，让杰森愉快地马上掏出腰包，以九折的价格，买下了这套名贵服装。

在这个成功的案例中，店主用倾听听出了促成杰森购买的关键——"我想给我女朋友买一件生日礼物。她看中了你们店里的这件衣服……"接下来，只要店主懂得牢牢抓住这一点引导杰森，让杰森下定决心购买就可以了。

在这里，店主之所以能成功，在于他把握住了客户的心理，及时抓住了成交的时机，而且在价格上也没有怎么让步。

其实，销售机会就在你和客户沟通的对话里，关键是你是否懂得听，听出来之后是否懂得把握住，以便迅速促成交易。

那么，想要成为一名优秀的销售员，在和客户交流的过程中如何做到有效地倾听呢？

（1）不轻易打断客户谈话，更不能加入话题或纠正他。

倾听是给客户谈话时间，使客户产生被尊重的感觉，继而会更加信任并尊重你。认真倾听的态度会给客户留下好印象，所以在谈话未完成之前，不要打断客户的谈话或随意插嘴、接话。除此之外，更不要不顾客户的反应另起话题。

（2）专心、真诚地倾听客户的谈话，并及时回应客户。

倾听必须是全神贯注地去听，并辅助以适当的表情、动作或简短地回应语句，这样才可以激起客户继续谈话的兴趣。如果客户在倾诉过程中得不到销售员的回应，就会认为谈话毫无意义；如能得到回应，就表明他的谈话受到关注，从而有兴趣与你继续沟通和交流，销售员因此就可以获得更多的客户需求信息。

（3）选择适当时机巧妙地提问，核实你需要的信息。

认真倾听客户的谈话也需要你在适当的时机进行提问，提问可以表明你是在认真思考客户谈话的内容，从而让客户有受到重视的感觉，并能引导客户说出自己的想法和相关信息。同时，提问还可以让销售员对客户提供的一些信息进行准确核实并及时进行记录。

（4）注意倾听时的礼仪。

良好的倾听礼仪既可以显得自身有涵养，又能表达出对客户的尊重。例如：身体略向前倾，表情自然；在倾听过程中，保持和客户视线的接触，不东张西望；表示赞同时，点头、微笑等。这些都需要销售员在实际中不断地学习、积累。

倾听，是销售员与客户实现良好沟通的重要手段，为了获得更高的收益，请学会倾听吧！

2. 请教式提问更容易让人接受

在生活中，我们经常听到诸如此类的请教式提问"你的手工做得太好了，怎么做出来的，能教教我吗"？如此别具一格的赞美方法就是请教式提问。什么是请教式提问呢？顾名思义，就是针对对方擅长的某些方面，话语中带着请教的意味，似乎对方的优秀程度已经将其摆在了"老师"的位置上。而大多数人听到请教式的提问，虽然表面上不作声，但内心却早已兴奋异常了。

另外，请教式提问能更容易让对方接受，让对方体验到自己的价值，从而心中产生某种成就感。这样的提问方式大多适用于下属对上级、学生对老师、晚辈对长辈。由于对方身上有自己不具备的一技之长，遂以请教的提问方式表达自己的仰慕之情，在这个过程中，对方往往能在请教式提问中答应自己的请求，或者他们有可能会主动帮助你渡过难关。

美国的一家化妆品公司曾有一名优秀的"推销冠军"。有一天，他还是和往常一样，把公司里刚出的化妆品的功能、效用告诉顾客，然而，对方并没有表示出多大的兴趣。于是，他立刻闭上嘴巴，开动脑筋，并细心观察。突然，他看到阳台上摆着一盆美丽的盆栽，便说："好漂亮的盆栽啊！平常似乎很难见到，这是你自己种的吗？"

女主人来了兴致："你说得没错，这是很罕见的品种。同时，它也属于吊兰的一种。它真的很美，美在那种优雅的风情。"

"确实如此。但是，它应该不便宜吧？"

"这个宝贝很昂贵的，一盆就要花700美元。"

"什么？我的天哪，700美元？那每天都要给它浇水吗？我一直很喜欢盆栽，但却对此一窍不通，我能向你请教，你是如何培育出这样美丽的盆栽的吗？"

"是的，每天都要很细心地养育它……"女主人开始向推销员倾囊相授所有与吊兰有关的学问，而他也聚精会神地听着。最后，这位女主人一边打开钱包，一边说道："就算是我的先生，他也不会听我嘀嘀咕咕讲这么多的，而你却愿意听我说了这么久，甚至还能够理解我的这番话，真的太谢谢你了。如果改天有空，我会乐意向你传授种植兰花的经验，希望改天你再来听我谈兰花，好吗？"女主人爽快地接过了化妆品。

通过向女主人请教关于盆栽的问题，激发了女主人的谈话兴致，而且在交谈过程中，销售员一直以请教式提问来夸奖女主人，使得女主人的心理得到了极大的满足。说到最后，没等销售员开口，女主人就主动掏钱购买了化妆品，而且还发出了"希望改天你再来听我谈兰花"的邀请。足见请教式提问所产生的良好效果。

这段时间，小雨跟她的一个朋友学会了十字绣，她利用业余时间，绣了一对在丛林中飞舞的蜻蜓。同事看了她绣的十字绣很惊讶，那形象的花草、舞动着翅膀的蜻蜓非常逼真，同事由衷地赞美："哎呀，小雨，你太了不起了！你这是怎么绣出来的啊？"小雨笑了笑，看得出，她对自己花费了不少时间绣出来的作品很自豪。同事真诚地说："看你绣得这么漂亮，我也想学习一下，你能教教我吗？"小雨点点头，开始手把手地教同事如何绣十字绣。

同事那几句请教式提问，恰到好处地温暖了小雨的心灵，融洽了彼此之间的关系。可以说，请教式提问，是一种非常有效的提问方式。给他人戴上了一顶"高帽"再虚心地请教，想必一个再倨傲的人也会被打动，这样一来，自己所请求的事情自然就能够办成了。

（1）满足对方的心理。

在生活中，每个人都有"好为人师"的自大心理，所以，在许多时候放低姿态，有针对性地请教对方，以自己的普通甚至低劣凸显对方在某些方面的高明和优势，可以间接起到赞美对方的作用。恰到好处地使用这种方式，既成功地赞美了对方，又可以给对方留下虚心好学的良好印象。

（2）请教式提问既请教又鼓励。

其实，请教式提问不仅仅重在请教，还表现出一种鼓励的意味。当然，这样的一种提问方式不止局限于下属对上级，很多时候，上级为了鼓励下属，也可以向下属发出"请教式提问"。

（3）放低自己，抬高对方。

在日常生活中，还有许多家长更是将请教式提问当作了一种很好的教育方式，以此来鼓励小朋友。有时候，我们在求人办事的时候，不妨放低自己的身价，虚心请教提问，再说几句赞美之语，说不定能取得良好的效果。

3. 用提问挖掘出客户的需求

曾有一家旅游公司在"十一"推出了新马泰7日游，价格不算太高，促销手段也很新颖，公司上下对此项目都非常看好，但事与愿违，销售并不理想。

问话 的技术

电话销售人员将原因归结于市场竞争激烈、价格不合理，但这些并不是最主要的，真正的原因在于他们在销售过程中使用的句号太多。以下是现场销售模拟演练。

> 电话销售人员：您好，赵总，我是××旅行社的××。最近，我们公司推出了一个旅游项目是新马泰7日游，非常适合您。对您这样平时工作比较忙，没有时间休闲的人来说，正好可以利用7天长假的时机去新马泰游玩。我们首推的促销价是在9980元的基础上打8折。这对于您来说是一个大好的机会，您可以趁机与您的太太和孩子一起去国外度假。新马泰都是好地方，风光山水无限美好，最大的特色是佛教文化，最刺激的亮点是人妖表演……

这位电话销售人员说了大约5分钟，在她讲的5分钟时间里，她一共说了20多个句号，没有一个问号。所以她的失败是必然的。

销售是一个了解需求——分析需求——解决需求的过程，在不明客户意图的情况下口若悬河，必然导致销售的失败。而了解客户需求的唯一办法就是提问。因为客户要的东西，不进行发问是得不出来的。毕竟客户是以自己的决定来购买的，客户的决定是因为思考了才决定，而没有问，客户就不会思考。

提问方法存在错误。

实践中，很多电话销售人员知道提问是发现、引导客户需求的有效方法，但是，他们提问的方法存在错误。比如，问的语速

132

太快或太慢，太急速的发问容易使客户认为你持审问的态度；太缓慢的发问，容易使客户感到沉闷，无时间观念。

又如，对于敏感的问题，不会加前奏。当问一些敏感的问题时，例如，"您公司的预算是多少呢？"客户很可能会回避，这需要在问之前，先加一个前奏。也就是先表明在客户回答这个问题以后，他的利益在哪里。比如，"为了帮您找到最适合的解决方案，可否请问一下您今年在培训方面的预算大概有多少呢？"当然，类似这样的问题，客户不配合的情况经常发生，除非我们与客户已经建立了良好的关系。但不可否认，有了"为了帮您找到最适合的解决方案"这个前奏，客户回答你的概率大大提高。

有时候，客户会向电话销售人员问问题，然而许多时候，电话销售人员只是听到了问题，却没有听出问题背后客户所关注的问题。

客户：你们都有什么培训？

电话销售人员：我们的培训涉及很多领域，我给您介绍一下我们的课程，我们最近推出来的课程是……

客户：你们有没有大客户销售的课程？

电话销售人员：有。是这样的，我们最近的课程是关于领导……

这段对话中，电话销售人员没有仔细思考客户关心的问题，另一方面也没有注意运用反问技巧去挖掘客户真正的关注点。也就是说，既然客户问有没有大客户销售的课程，必然是有原因的，这时，你必须恰当地反问：您公司是否需要这方面的课程？或者直接问：你需要什么样的大客户销售的课程？

提问引导客户需求的过程是：询问客户的现状——引导客户发现"痛点"——重复和反馈——扩大问题的严重性——放大客户的"兴奋点"——引导客户确认需求。这个过程中，重要的是第一步和第二步，即首先询问客户的现状，然后通过提问让客户发现自己的问题、不满和抱怨，从而触发客户的需求。

提到怎么问，很多人会立刻想到封闭式和开放式提问。封闭式提问是一种带有收敛性质的提问方式，它逐渐将话题导入单一的答案上，这种提问总会有些固定的字眼，譬如"是不是""可不可以""能不能够""对吗""好吗"等。比如，"您公司现在有没有专门的网络推广人员？""如果采用租借方式，您看行不行？""需要上门安装服务吗？"

开放式提问与封闭式提问方式完全相反，它给出一种比较自由的问题让客户回答，范围比较大，客户可能有多种不同的答案，经常会用到一些开放性的字眼，譬如"什么看法""您怎么看"等。比如，"通常您是如何提升销售人员的销售技能的？""您觉得怎么办才符合您的意思？""您今年的销售计划具体安排是什么？"

封闭式和开放式提问是常见的提问方法，其分类的方式较笼统，笔者将提问方式分为以下几种，简单、好掌握。

（1）状况询问法。通过问题了解客户的现状及可能的心理状况。比如，"请问贵公司所生产的产品主要是面向国内市场吗？""请问贵公司是生产自己品牌的产品吗？""你们有自己的培训机构吗？"

（2）问题询问法。即为了探求客户的不满、抱怨及焦虑而提出的问题，即引导客户发现"痛点"。例如：

"您目前住在哪里？"（状况询问）

"亚运村附近。"

"是不是自己的房子？"（状况询问）

"是啊，十多年前买的，为了小孩上学方便。"

"现在住得怎么样？有什么不好的地方吗？"（问题询问）

"嗯，现在太喧闹了，马路上到处都挤满了人，走都走不动，实在不适合我们这种年龄的人居住。"

（3）暗示询问法。发现了客户的不满、抱怨后，用暗示的询问方式，提出对客户不满的解决方案，称为"暗示询问法"。例如，"奥运村的地铁马上就开通了，靠近森林公园，有绿地，空气又好，您认为怎么样？"

（4）权利式提问。是指在正式提某个问题之前，首先通过一些简单的问题获得向客户继续提问的权利，它可以使电话销售人员接下来的提问显得十分自然，很好地由前一个问题过渡到下一关键问题，让客户觉得电话销售人员所提的关键问题不那么突兀，增加客户愿意从正面回答的机会。举个简单的例子，你问客户"我可以提一个问题吗？"客户通常会说"可以"。当他说"可以"的时候，就代表着你已经获得继续向客户提问的权利，而且这个权利是客户授予的，他已经同意回答接下来你所提的问题。

（5）引导式提问。客户在回答电话销售人员所设计好的提问的时候，会透露出许多信息，在这中间就存在某些关键点，电话销售人员再将这些关键点挑出来，进行针对性的提问，就是引导式提问。引导式提问最大的特点就是前提假设，已经有了某种倾向性，将客户的思路导向某一个话题，而这个话题不仅仅是客户所关注的，同时也正是电话销售人员所关注的。比如，客户在回答之中提到"培训课程我最关心实用性"。电话销售人员回答"对，我也是这么想的，并且这实用性和……有关，您认为呢？"这里的"和……有关"就是带有引导性质的，而且也显得合情合理。

（6）确认式提问。提问当然有着最终想要达到的特定目的，是为了帮助客户发现自身的一些不满和抱怨、帮助客户发现自己的问题点。但是即使你已经做到了这一点，也不要自己讲出来，而是提出带有总结性质的想法，提交给客户确认。客户对于自己确认的事实会比较负责任，这种提问就是确认式提问。

"您的意思是不是……这样？"或者"经过刚才我们的共同探讨，可能您在……和……方面经过改进之后，效率会提升很多，对吗？"

"马经理，我可不可以这样理解您的意思，您现在最担心的问题就是如果使用新的系统，可能会出现与原来系统不兼容的现象，是吗？"

"经过刚才我们的讨论，现在您主要存在的问题在以下三个方面：一是……；二是……；三是……。正是这些原因导致了公司物流成本的居高不下，对吗？”

4. 站在对方的角度分析提问

在营销过程中，许多人对我们最初谈的话题并不感兴趣，这时我们该如何通过提问达到自己的目的。不妨在认同对方的观点，听完对方的谈话之后，再站在对方的角度上分析提问，体现同理心，这样反而容易被对方所接受。

同理心是指在人际交往中，能够体会对方的情绪和想法，理解对方的立场和感受，并站在对方的角度思考和处理问题的能力。换句话说，同理心就是站在对方立场思考的一种方式。在既定发生的事情中，把自己当成对方，想象自己是由于何种心理导致了这样的行为，最后触发了整件事情。在整个心理过程中，由于自己先接纳了这种心理，所以也就接纳了对方的这种心理，最后谅解了这种行为和事情的发生，这与古人所说的“己所不欲，勿施于人”如出一辙。在人与人之间的沟通过程中，“同理心”始终扮演着重要的角色。利用同理心提问，就是我们站在对方的角度，同情、理解、关怀对方，接受对方的内在需求，并感同身受地予以满足。利用同理心提问，可以从对方言语的细微处体察对方的心理需求，从而通过语言表达出“惺惺相惜”的感觉，最终影响其心理。

问话 的技术

　　保险员孙小姐一进门便开门见山说明来意："李先生，我这次是特地来请您和太太及孩子投人寿保险的。"可是，王先生却异常反感地说："保险是骗人的勾当！"孙小姐并没有生气，而是微笑着问道："噢，这还是第一次听说，您能给我说说吗？"王先生说："假如我和太太投保3000元，这3000元现在可买一部兼容电脑，20年后再领回的3000元，恐怕连电视机都买不到了。"孙小姐又好奇地问："这是为什么呢？"王先生很快地回答："一旦通货膨胀、物价上涨，即会造成货币贬值，钱就不经花了。"通过这样的问话，孙小姐对王先生内心的忧虑已基本了解。

　　孙小姐首先站在维护李先生的立场说："您的见解有一定的道理。假如物价急剧上涨20年，3000元不要说黑白电视机都买不了，怕只够买两根葱了。"李先生听到这里，心里很高兴，但接着精明的孙小姐又给他解释了这几年物价改革的必要性及影响当前物价的各种因素，进一步分析我国政府绝对不会允许像旧社会那样的通货膨胀的事情发生的道理，并指出以王先生的才能和实力，收入可望大幅增加。说也奇怪，经孙小姐这么一说，王先生开始面带笑容，相谈甚欢，当然，孙小姐最终获得了成功。

　　孙小姐成功的秘诀就在于利用同理心提问"您能给我说说吗？""这是为什么呢？"站在对方的立场来思考，设身处地洞悉对方的心理需求，再进行引导，影响对方心理，最终说服了王先生。由此可见，灵活地运用同理心提问能够有效地影响对方心理，站在对方的角度思考问题，与对方实现内心的对话，最终达到自己的目的。

卡耐基租用了某旅馆大礼堂讲课。一天，他突然接到通知，租金要提高3倍。卡耐基前去与经理交涉。他说："我接到通知，有点震惊，不过这不怪你。如果我是你，我也会这么做。因为你是旅馆的经理，你的职责是使旅馆尽可能盈利。"紧接着，卡耐基为他算了一笔账，将礼堂用于办舞会、晚会，当然会获大利。"但你撵走了我，也等于撵走了成千上万有文化的中层管理人员，而他们光顾贵旅社，是你花再多的钱也买不到的活广告。那么，哪样更有利呢？"经理被他说服了。

卡耐基所使用的口才心理策略"如果我是你，我也会这么做"，其实就是"同理心"，在适时分析之后抛出提问"那么，哪样更有利呢？"当他站在经理的角度时，经理心中已经降低了防备心理，然后，卡耐基抓住了经理的兴奋点，使经理心甘情愿地把情感的天平倾向了自己这边。

那么，如何利用同理心提问，与对方惺惺相惜呢？

（1）"我想听听您的看法，你可以给我说说吗？"

当对方表露出与自己全然不同的想法时，你应该以同理心说话："我想听听您的看法，您可以给我说说吗？"并通过语言分析强化对方想法的正确性，站在对方的角度，再进行积极引导，通过同理心产生的作用影响其心理，达到我们的目的。

（2）"如果我是你，我也会这样做。"

汽车大王福特说："假如有什么成功秘诀的话，就是设身处地替别人着想，了解别人的态度和观点。"于是，当对方说出了决定时，我们应该强调对方这种做法的合情合理性，了解对方现在的心理矛盾，以感同身受影响其心理，再巧妙地以提问说服对方。

（3）"咱们都是一家人，你说是吗？"

当你仔细观察对方身上所具备的特征之后，你会发现你和对方之间其实也有许多相同点，而我们需要的就是传递出"咱们都是一家人，你说是吗？"这样的信息，通过同理心来影响对方。比如，"张先生，我也姓张，咱们五百年前可是一家人啊，你说是吗？""王姐，您也是东北人啊，真是太巧了，我也是东北的。"

（4）"同是天涯沦落人。"

相同的经历会有相同的感受，相同的感受自然会惺惺相惜，我们要巧妙地利用同理心说话，比如，"你以前在广东工作过？我早些年也在广州工作过！""李姐，咱们做女人真的是不容易啊，既要照顾家庭，又要照顾孩子，生活压力真大啊。"以此来影响其心理，再通过适时提问达到目的。

5. 用合适的提问技巧达到目的

在生活中，总会有人问："为什么对方总是拒绝我？""为什么我一直无法顺利做事情？"其实，与其强势地说服对方，不如学会提问的艺术，让人在不知不觉间被自己的问题引导。因为问题不仅仅帮助你问出答案，其中还隐含着说服的成分。换言之，好的问题比命令更有效，只要善于掌握提问的技巧，就可以得心应手，从而解决很多生活中和职场上的"疑难杂症"，甚至好的问题还能够促使别人做出改变，达到影响身边人的目的。

小娜是一位低油耗汽车推销员。这天，她约见了一位客户，一开口就礼貌地询问："先生，请教你一个所熟悉的问题，增加贵店利润的三大原则是什么？"客户好像很乐意回答这样的问题，他回答："第一，降低进价；第二，提高售价；第三，减少开销。"小娜立即抓住话题说下去："你说的句句是真言。特别是开销，那是无形中的损失。比如汽油费，一天节约20元，你想过多少吗？如果贵店有3辆车，一天节省60元，一个月就有1800元。发展下去，10年可省21万多元。如果能够节约而不节约，岂不等于把百元钞票一张张撕掉？如果把这笔钱放在银行，以5分利计算，一年的利息就有1万多元，不知您高见如何，觉得有没有节油的必要呢？"听了小娜这样的分析，客户觉得自己应该改变这种情况，最终购买了节油汽车。

小娜通过有效提问，契合客户的心理特点，既然汽车可以节油，为什么还要继续"浪费"下去呢？于是，他就会想方设法用节油车来改变之前"浪费"的情况，购买节油汽车。

提问的方式不同，效果自然不同。同样的话，高明的说法会让人心中喜悦，从而顺利地达到目的；而愚蠢的提问只会贻笑大方，甚至令人生厌。

约翰固执地爱上了商人的女儿柯尼亚，但柯尼亚始终拒绝正眼看他，因为他是个古怪可笑的驼子。这天，约翰找到柯尼亚，鼓足勇气问："你相信姻缘天注定吗？"柯尼亚眼睛盯着天花板答了一句："相信。"然后反问他："你相信吗？"他回答："我听说，每个男孩出生之前，上帝便会告诉他，将来要娶的是哪一个女孩。我出生的时候，未来的新娘便已经配给我了。上帝还告诉我，我的新娘是个驼子。我当即向上帝恳求'上帝啊，一个驼背的妇女将是个悲剧，求你把驼背赐给我，再将美貌留给我的新娘'。"当时，柯尼亚看着约翰的眼睛，并被内心深处的某些记忆扰乱了。她把手伸向他，之后成了他挚爱的妻子。

"你相信姻缘天注定吗？"约翰通过柔情的提问，触碰了柯尼亚心中最柔软的部分。在日常生活中，只要我们能够运用合适的提问技巧，就很有可能达到自己的目的，尤其是当我们在说服对方的时候，这不失为一种很好的说服对方的方法。

（1）找到对方感兴趣的话题。

每个人都有自己感兴趣的事物或话题，我们不妨去迎合他的兴趣，积极主动地寻找共同话题，这比漫无目的地乱说一通强一百倍。比如，假如你了解到他以前是一个歌手，那么你就可以说"那时候唱歌辛苦吗？""感觉你声音很独特，唱歌肯定很好听。"

（2）激起对方说话的欲望。

在沟通过程中，我们应该率先通过提问向对方传递友好的信息，激起对方说话的欲望。当你的提问使对方产生了浓厚的兴趣，对方就会不由自主地打开话匣子。所以，当谈话陷入尴尬境地的时候，一定要通过提问激起对方的兴趣，使谈话能够持续下去，比如，"你喜欢书法吗？"

（3）有效的提问。

适时的提问会帮助你找到共同话题，当然，提问也是需要技巧的。为了不造成尴尬情境，应该把问题尽量掌握在自己比较擅长的范围之内，问题尽量具体，比如，"你喜欢去哪个国家旅行？"这样你就可以围绕旅途中发生的趣事展开一个话题了。

6. 了解对方的心态再提问

在进行正式沟通之前，我们应该通过收集信息、留心观察，然后了解对方的心理状态，这是我们可以完成提问十分重要的一个环节。通常情况下，对方的心理状态大致可以分为愉悦、不愉悦两类。若对方心理保持愉悦的状态，往往在言行中表现出对我们的尊重和信任，情绪饱满，积极认真地回答我们提出的各种问题，这自然是令我们感到十分高兴的局面；若遇到对方不高兴的时候，那他们情绪消极，勉强做出被动应答，遇到这样的情况，确实令我们感到难堪。不过，对于我们的提问，对方不好回答，或是不想回答的，这时我们要针对具体情况，寻找突破口，并运用恰当的语言表达方式来缓和气氛，同时调整自己的心理状态，让对方感到你是善意的。

有一次，一个顾客在一款地砖面前伫立了很久，导购员小姐走过去对顾客说："先生，您喜欢这款地砖吗？您的眼光真好，这款地砖是我们公司的主打产品，也是上个月的销售冠军。"顾客问道："多少钱一块啊？"导购小姐回答说："这块瓷砖，打折后的价格是100元一块。"

顾客说道："有点贵，还能便宜吗？"导购小姐说："冒昧地问一句，您家在哪个小区？"顾客回答说："在东方明珠。"导购小姐赞美道："东方明珠应该是市里很不错的楼盘了，听说小区的绿化非常漂亮，而且室内的格局都非常不错，交通也很方便，买这么好的地方，我看就不用在乎多几个钱了吧？不过，我们近期正在对东方明珠做一个促销活动，这次还真能给您一个团购价的优惠。"顾客兴奋地说："可是我现在还没有拿到新房的钥匙，没有具体的面积怎么办呢？"导购小姐回答说："您要是现在就提货还优惠不成呢，我们按规定要达到25户以上才能享受优惠，今天加上您这一单才15户，不过，您可以先交定金，我给您标上团购，等新房钥匙拿到了，再告诉我具体面积和数量。"

就这样，顾客提前交了定金，两个星期以后，这个订单就算定下来了。

"您喜欢这款地砖吗？""您家在哪个小区？""东方明珠应该是市里很不错的楼盘了，听说小区的绿化非常漂亮，而且室内的格局都非常不错，交通也很方便，买这么好的地方，我看就不用在乎多几个钱了吧？"在这三个问题中，导购员小姐对于客户的提问恰到好处，再加上适时的赞美，如此，轻松就打动了客户的心。

北京台的一档访谈类节目《真情》中，很多嘉宾都是历经了生活的艰难和波折，有些嘉宾对于主持人问的一些问题很回避。

2007年4月的一期节目是一对互相打骂的父子，当主持人文燕问到12岁的儿子"你有没有感到你打爸爸是不对的"

时，这个性格叛逆讨厌自己父亲的孩子低头不语，继而主持人问"那你觉得你打爸爸是对的喽"，孩子还是不说话，但似乎开始思考这个"打爸爸"对不对的问题。接下来主持人变换了话题，询问了父子恩怨的经过及两人动手的程度，接着问儿子，"希望爸爸离开你吗？"孩子摇头，"那就去给爸爸认个错吧"。这时，孩子慢慢地移动着步子，然后对爸爸说："爸爸，我错了。"可以说主持人文燕在这一段提问中很好地把握了嘉宾的心理变化，从而使观众在节目中收获了顺应伦理，父子相认的一幕。

当我们对谈话对象的资料进行收集、整理及分析，厘清了谈话的要点，明确谈话的主旨后，就需要将问题设计出来。当然，用所有的背景以及资料来草拟谈话方案，是我们进行沟通的指南。方案越清晰越周密，沟通起来就越顺利，尤其对于谈判者以及访谈节目主持人更是如此。

（1）提问之前先寒暄。

在设计提问的时候，需要把一些容易切入的问题放在前面，以自然的方式让对方进入状态。尤其是遇到陌生人的时候，刚开始交谈，他们都会显得比较窘迫、紧张不安。这时我们可以与对方聊聊天气等比较轻松的话题，缓和、消除对方内心的紧张和恐惧感，为接下来的深入沟通做好铺垫。

（2）善于寻找共同问题。

在沟通过程中，我们要善于发现自己与对方的相似点，比如，相似的经历、相似的爱好等，从而以此作为切入点，来赢得对方对自己的好感，以增加双方的亲切感、认同感。在面对面交谈的时候，我们要面对不同身份、不同背景的沟通对象，只有用心地找到每一位的契合点，才能给对方宾至如归的感觉。

（3）准备一些开放式的问题。

在提问过程中，我们可以准备一些开放式问题，让对方有发挥的余地，及时地从对方的言谈中发现新的线索，并紧紧地"揪"住在谈话中不断涌现出来的这些新线索。

（4）注意问题之间的关联。

问题与问题之间一定是有着逻辑上的关系的，应该逐层递进，逐层深入。我们不用过多的言语，从对方回答问题的答案中领会问题的实质。如果问题之间的逻辑是混乱的，那么我们就很难明白问题的主旨了。另外，问题的大小、难易程度要合理搭配，张弛有序，节奏明快。通过一问一答形成良好的节奏感，从而烘托出轻松欢快的气氛。

7.　电话营销中的提问技巧

在电话营销过程中，更要学会引导话题的走向，才能获得你想要的信息，实现高效的沟通。很多人在打通电话后进行一番不痛不痒的闲侃之后，忘了自己的本意，只好再补充一个电话，或者被对方牵着鼻子走，一番长篇大论或无关紧要的争辩之后，无功而返。怎样避免出现这种情形呢？打电话之前就要确定好自己的主题，话题要一直围着自己的主题转，更要善于引导对方的思路朝着自己预定的方向前进。怎样引导对方呢？

案例一：

营销人员：您好，张总，我是一家财务软件公司的小李，很高兴你能接听这个电话。

张总：有什么事吗？

营销人员：是这样，我们公司最近新代理一种能够提高库存、财务方面的管理软件，听说你们公司目前还没有使用这方面的软件，是吧？

张总：你听谁说的，我们偌大的公司怎么可能不使用财务管理软件，你搞错了吧。

营销人员：是吗，您使用的是什么品牌的财务软件呢？

嘟、嘟……对方已经挂断电话了。

案例二：

营销人员：您好，张总，我是一家企业管理咨询公司的小宋，想请教您几个问题？

张总：什么问题？

营销人员：是这样的，李总，经常有许多公司向我们打来电话，向我们公司咨询关于库存管理、产品分类管理以及账务管理方面的问题，还请求我们给他们提供这方面人才。张总，不知您在这方面有什么更好的观点与意见？

张总：这个很简单，我们有专人负责仓库管理这块，产品分片分区管理，财务也有专人负责。只是我也有些困惑，就是他们办事效率十分低，我需要个什么报表，往往不能够及时统计出来，造成信息不顺畅。更麻烦的是，一旦出现人员流动或者调整，往往一段时间内也是经常出现纰漏。不知道你们有什么好的解决办法没有？

营销人员：张总，我请问下，您目前使用的是什么管理软件？

张总：管理软件？管理软件目前好像用不到吧？我们一直采用的人工做账。

营销人员：是的，向我们打来咨询电话那些公司，也是喜欢采用人工做账，只是没有您分配得那么细致，有条理性。不过，他们现在这些问题都解决了，而且效率也提高了很多。

张总：是吗？怎么解决的？

营销人员：他们使用一种叫作×××的财务管理软件，不仅节省了人力，而且每天都能够了解当天的产品进、销、存，畅销产品、滞销产品比例，进出账情况，欠账、拖款情况等。

张总：是吗？有这样的软件？哪里能买到？

营销人员：这样吧，张总，我下午两点到你们公司去下，您在吗？我把软件带过去，顺便给您的员工讲解如何使用这个软件，怎么样？

张总：好啊，非常感谢。

同样的目的，不同的表达方式，得到的却是不同的结果。在前面一个案例中，我们可以清楚地看到小李说话的目的，不过很遗憾，他没有把握好提问的方式，让顾客听着很不舒服，即便有需求，也不会选择从他那里购买。后面一个案例，小宋的目的同样是让张总认识到使用管理软件的重要性，达到推销软件的目的，可是这个电话销售通过不同方式的提问，让张总愿意接受问题，愿意回答问题，而且愿意提出自己的观点，表达出自己的想法，这样小宋才能有效根据对方的回答，把握有理有据的对答方式来攻破对方的思维方式，达到预期的效果。

对于电话营销人员来说，通过采取有效的询问方式，可以启发客户心智，引导客户积极参与到沟通中，达到自己营销的目的。在许多营销书籍中，把提问的方法分为开放式和封闭式两大类别，但是很遗憾的是，这两种方法在实战应用方面分析得都比较笼统，而且缺少现场情景环节把握，造成营销人员在营销过程中无法淋漓尽致地发挥。

营销电话导入话题是最困难的，客户有一种自然的排斥心理，要把握一定的沟通技巧，才能避免被对方牵着鼻子走。那么，营销人员究竟通过哪种询问方法才能很快赢得客户好感，并尽快进入主题呢？

（1）开场白。

首先，简单的招呼之后，清晰说出自己的企业和名字，企业名称有一种隐约的话题导向，比如，保险公司肯定不会销售纸笔。有些客户一听公司名称，马上挂断电话，这种很少能成为潜在客户，相反，只要没挂断电话的，就对你的公司或你的目的有一点兴趣。

（2）电话拜访理由。

以自信的态度清晰表达出电话拜访的理由，会让对方感觉到你可信赖。主要是谈业务还是约见，是做调查还是介绍新的产品服务，一定要有一个详细、确定的理由，千万不要说是做某项调查的，最后卖起产品来了，会引起客户的反感。

（3）用询问的方式引导客户的注意、兴趣及需求。

好的营销者善于提出问题，比如，我们常常接到推销保险的电话，结束寒暄后，对方往往会提出"您有保险吗？"如果回答"有"，对方可能接着提问"是哪方面的，大病的，意外的还是养老的？是消费型的还是分红型的？"

推销员提出什么样的问题，顾客就会做出什么样的反应。问题能引导顾客的注意力和兴趣。专业的电话销售人员总是倾向于向客户提问题而较简洁介绍自己的产品。问一个有利有效的问题，问能够稳定顾客思维方式的问题。选择哪些问题来询问更能引导谈话呢？

（1）开放式问题。开放式问题，是指为了引导对方能开口而选定的话题，目的是了解对方。如果你想多了解一些客户的需求或真实想法，就要多提一些开放式的问题，比如，"什么""哪里""告诉""怎样""为什么""谈谈"等。比如，在保险业务中提问"您觉得自己缺少哪方面的保障？"

（2）封闭式问题。封闭式的问题，是指为引导谈话的主题而特别选定的话题，目的是知道确切答案，希望对方的回答在限定的范围内。封闭式的问题经常体现在"能不能""对吗""是不是""会不会""多久"等疑问词之间。比如，对方回答"我需要考虑一下"。就可以这样询问对方"方便知道多久之后您会答复我们吗？"

8. 突破销售"瓶颈"的提问法

有需求才会有市场，客户是否存在需求，是营销是否成功的关键。客户的购买需求既多种多样，又千变万化。当然，客户需求又是极富弹性的。所以，我们要想准确把握销售对象的购买需求，并非轻而易举，只能通过一些提问来获得。在营销过程中，通过有效的提问，不仅可以与客户形成互动，而且还能够增强客户的兴趣。不过，有效的提问是需要一定方法的，下面我们就介绍营销的六大提问法，帮助你突破销售的"瓶颈"。

（1）建议式提问。

在营销过程中，可以时常采取一些主动性的建议式提问，从而了解客户真实信息，探求客户的真实反映，而且还可以坚定客户的购买信心。不过在进行主动性建设式提问时，最好语气不要过于僵硬，仿佛是一种商讨，语气平和，让对方感觉到你是为他们考虑或为他们着想，关心他们，才提出如此问题。

"你看，我们应该赶快确定下来，您认为呢？"

"是的，您在护肤品选择方面认识得十分深刻，你是希望选择些保湿效果明显的，这样有利于滋养皮肤，我说对吧？"

"现在洗发水不仅要洗着舒服，而且还要有养发护发功能，是吧？"

"为了能够护发养发，就要合理地利用各种天然的洗发水，您认为是吧？"

采取主动性的建议式提问，往往是一个小小的问题，能够感动对方，赢得对方的信任和认同，又可以巧妙地介绍或复述本产品的功能特点，给对方留下深刻的印象。

（2）肯定式提问。

营销人员和客户沟通中，假如提出问题时采用一种肯定性的语言，往往可以有效帮助对方做出正面的回答或按照你的指引方向做出回答。比如，

"您一定很愿意在人才管理方面获取更多的经验与方法，是吧？""您一定愿意接触更多的企业家，拓展自己的人脉，是吧？""您一定认为健康与美丽一样重要，不是吗？""您一定认为在整个家庭中，您肩负责任最大，承担得最多，是吧？"

（3）请教式提问。

在生活中，每个人都有虚荣心，他们都渴望被尊重。请教

问话 的技术

是社会关系中师生关系的体现，特别是一些有地位的人，比如领导，甚至公司中一些有地位或者有头有脸的人物，他们内心深处都渴望被人尊重。当然，大部分的客户都希望充当老师的角色。

营销人员：你好，李经理，我是某某培训人力资源管理公司的小张，昨天在商界杂志上看到你的一篇关于人才培训培养的文章，我真是受益颇多，可以耽误你几分钟吗？我想请教你几个问题。

李经理：是吗？好的，没问题，你说。

营销人员：你在文章中提到，人才的培训必须以问题为突破口。我十分赞同你的观点，但是我有一个疑问。就社会目前的情况而言，让老师带着学员的问题和需求培训都相对比较困难，李经理，不知道你的看法如何？

李经理：是的，这也是我最大的困惑。我准备自己组建培训团队来确保培训可以按照问题、办法、实践、检验的四部流程，让培训走向实效。

营销人员：你的想法很有建设性，我非常赞同。那么，李经理，你是否思考过，让你的学员在听课的时候，也能充当"老师"这一角色呢？

李经理：学员充当讲师？他们有这个水平吗？

营销人员：我们公司最近研究出一种新的培训模式，学员是演员，进行现场实战演练式的培训，然后学员提出自己的问题与需求，让讲师安排培训内容，这样可以大大提高学员们的接受效果。

李经理：是吗？

营销人员：是的，我们已经与多家企业达成了长期合作的协议。我认为，我们的培训模式整合与你的培训思维不谋而合，你觉得呢？

李经理：是的，我也考虑这些方面，只是苦于没有时间和精力去实际操作这些。请把你们培训模式和合作方式传真一份给我，我先看看。

在案例中，营销人员充分利用人性的趋向性，在沟通开始阶段采取这种请教式的提问，充分抬高对方的价值，让对方心甘情愿地回答他的问题。

在这种和谐友好的气氛中，营销人员最终达到了自己的目的。

（4）引导式提问。

对营销人员而言，最痛苦的事情是客户不愿意将自己真正的问题和需求说出来，这时就需要用到引导式提问。所谓引导式提问，就是学会借力打力，先通过陈述一个事实，然后再根据这个事实发问，让对方给出相应的信息，客户内心的想法就是一座宝藏，一旦被激发出来，我们就能顺理成章地开采成功，假如无法激发出客户内心深处的想法，就不容易把握客户最后的决定。

营销员：你好，张女士，我是某某物业管理公司，打扰您一下，不知您是否注意到最近的新闻以及小区告示？

张女士：注意到了，最近好多小区都发生了入室盗窃案，好吓人。你们社区管理部门一定要搞好治安，否则好麻烦。

营销员：是的，这方面我们一定要做好，不过也需要你们的配合。

张女士：我一个弱女子，如何配合呢？

营销员：很简单，小偷入室盗窃，主要通过撬锁入室内，你要检查一下你们家锁质量是否过硬，是否有报警的功能。

张女士：这个我不清楚，我也不知道质量到底怎么样。

营销员：这样吧，你确定个时间，我们帮你联系一家专业检测公司和报警器安装公司，到你们家去看看，怎么样？

张女士：可以，那太感谢你了，明天下午怎么样？

营销员：可以，那就明天下午3点钟吧。

这种引导式的询问方法，要比直接询问对方的信息有效得多，因为里面阐述了一定的利害关系以及其他论据，这样对方一旦拒绝，就会考虑到意外的情况了。

（5）限制式提问。

限制式提问，实际上就是把答案限制在一个很小的范围之内。不管客户回答哪一个，都对提问者是有利的。也就是说，在限制选择的提问中，必须使所提出的问题明确而具体，效果才会更加显著。

"太好了，李总，那明天上午是9点钟还是10点钟去拜访您呢？"

"好的，李总，我是通过传真方式还是通过邮件方式将详细的资料传给你呢？"

"好的，李总，你是今天有时间还是明天有时间？我们好派人到你们那儿亲自检查一下门窗安全问题。"

这种提问方式，通常是运用在沟通基本达到高潮期，需要客户做出某种选择和决定的时候，主动为客户做主，使其没有拒绝的机会。尽管这种提问方式对营销人员是非常有利的，不过在运用方法上，必须是自己在已经充分掌握主动权的基础上，且自己所问的问题一定是对方有能力做出明确的回答，否则，对方会感到压迫，导致谈话进入僵局。

（6）探求式提问法。

探求式提问方法，就是通常我们常说的5w2h的原则，向对方了解一些基本的事实与情况，即what（什么）、why（为什么）、how（如何）、when（何时）、who（谁）、where（在哪里）、howmuch（多少、多久）。

"我可以请教您几个问题吗？"

"我可以向您咨询一些情况吗？"

"我可不可以这样理解您的意思……"

探求式提问仅仅能够帮助我们获取那些让客户愿意从正面回

答的提问，而且一定要把握语言语气的运用，不要弄巧成拙，最好与请教式提问的方法一起运用。当客户自然地回答"可以"，就代表着已经获得可以探求式提问的许可，而且这个权利是客户授予的。

第六章

婚恋提问术

——用提问把爱情保鲜

　　夫妻对话是大有学问的，同样的意思用不同的语气和方式表达出来，效果会大不相同。善于提问，往往会为夫妻沟通锦上添花。俗话说："说得好不如问得好。"恰到好处的提问，能够贴合对方心理，从而赢得对方的好感。所以，提问的技巧也是非常重要的。

1. 多用鼓励提问进行安慰

每个人都有低迷的时候，对方也不例外，有可能是工作上进展得不够顺利，有可能是遇到了一些困难与挫折，有可能正处于人生的低谷时期。当对方出现低迷的时候，你应该做的就是给予他适当的鼓励。有的人习惯了指责，面对另一半的失败，不仅不加以安慰，反而变本加厉地指责起来，说一些伤人的话语："你真是没有出息""纯粹是一个窝囊废，早知道当初就不嫁给你""自从跟了你，我就开始倒霉了"……这些杀伤力无穷的话语，无疑是雪上加霜，而你也成了落井下石的那一位。当面对另一半遭遇困难的时候，即便是陌生人也会送上一份问候，更何况你是他最亲近的人。所以，即使他事业没有什么成就，也不要乱加指责，更不要随意怒骂，这只会使你们之间的感情越来越淡漠。不妨适时鼓励提问："出什么事情了吗？能给我说一说事情的具体经过吗？"给予他适当的鼓励，给他信心，让他从困境里走出来。

小路和老公都来自农村，因为拥有相似的家境让他们有了许多共同语言。认识两年之后，他们就领证结婚了，虽然没有房子，也没有车子，甚至连婚纱照都没有拍，可是小路觉得自己很幸福，因为爱是任何物质都换不来的。

　　结婚后，老公工作更努力了，虽然没有较高的学历，但他用自己点点滴滴的勤奋努力拼搏，只是为了当初许下的承诺：小路，我会给你一个美好的将来，相信我。小路的爱让他坚信自己一定会成功的。小路也经常鼓励老公："你是最棒的，总有一天，你会有自己的公司，我相信你，一直，甚至是永远，你能做到吗？"其实，并没有等到永远，仅仅用了两年，辛苦拼搏的老公赚取了人生的第一桶金，创办了一家小公司，虽然看起来并不起眼，但小路说："有一天，你会把公司做大的。"在小路的不断鼓励下，老公的公司发展越来越好，没过几年就买了房子和车子，公司规模逐渐变大。

　　但是，好景不长，可能是因为经营不善，一些管理方法出现了问题，公司陷入了困境，老公焦虑得晚上睡不好，白天还要去公司处理事情。小路看着着急的老公，心里也很担心，但她还是一如既往地鼓励他："这只是暂时的困难，很快就会过去的，现在可比我们刚来城市的时候好多了，那时候那么艰难我们都熬过来了，何况是现在呢？"老公看着小路认真的脸，笑了。

　　"我相信你，你能做到吗？"小路在任何时候都没有指责老公，而是一如既往地支持他、鼓励他，不断地给他坚持下去的勇气。在小路的鼓励下，老公取得了一次又一次的成功，从一次次的失败中重新站了起来。

　　每个人的人生路途中，都会遇到种种困难和挫折，对于突如其来的打击，很多人都防不胜防，心理处于崩溃的边缘。这时候正需要亲密爱人的帮助，没有指责，没有质问，只是一句轻轻地鼓励，或者只是一个拥抱，只是一个善意的微笑，都足以燃起他心中的希望，给他强大的力量，那是重新站起的力量，是重新获得成功的力量。

　　小华是一名普通的司机，在一家小公司上班，虽然拿着并不高的薪水，但他工作态度认真、踏实，深得老板赏识。小华的女朋友在一家广告公司做文员，每天朝九晚五，两个人日子过得很惬意。最近，小华公司的老板经常找他谈话，有意让他做部门经理，小华刚开始没有当回事，心想老板怎么会看上我呢？还以为是老板在开玩笑。可是，最近几次，老板找自己谈话的次数越来越多，这让小华感受到了老板的诚意。

　　这天回家，小华笑着对女朋友说："老板让我做部门经理呢，你觉得怎么样？我觉得做普通司机会简单些，不会那么累。"女朋友一边收拾屋子一边说："我觉得这是好事情呢，你不可能做司机做一辈子吧，总要有个比较好一点的工作，再说，要学会用脑子挣钱而不是用技能挣钱，我觉得你可以把握好这个机会，你说呢？"小华有点迟疑："可是，做经理心太累了，每天所焦虑的事情也很多，到时候也没有多少时间陪你了。"女朋友安慰道："虽然管理司机是比较辛苦，心会很累，但会锻炼你的能力，磨炼你的脾气，这从长远来说真的是一个好机会，你就不用担心我了，我会打理好家里的一切，你只要安心工作就好了。""可是……"小华还在犹豫，女朋友笑着打断他的话："可是什么？至少也是一个小经理啊，比你现在司机强多了，至少表明你已经在进步了，这就是努力的结果，所以，赶紧努力吧！"听了女朋友的话，小华也下定决心了。

面对老板的赏识，要晋升自己为部门经理，内心拿不定主意的小华向女朋友抛出了自己该怎么办的问题。聪慧的女朋友从长远的打算来分析，给出了中肯的答案，她并没有摆出一副弱女子的姿态说"我也不知道怎么办"，或者直接说"你自己看着办吧"，她明白，小华是因为看重她才问她，所以，她以鼓励提问的方式，帮助对方度过了迷茫期。

也许，女孩子认为男人那么坚强，是根本不需要鼓励的，只有弱者才需要鼓励。事实上，无论是强者还是弱者，都有最脆弱的时候，在低迷的时候，最需要有个人能给他勇气、信心，能够不断地给他打气，成为他最坚实的后盾。对于男人来说，他们的自尊同样异常脆弱，假设你给正处于困境的他一顿责骂，他有可能就真的一蹶不振，甚至破罐子破摔，最终毁灭了自己的一生。所以，请在他最需要帮助的时候，用力地拉他一把，适时用鼓励提问去安慰他，无论他成功与否，你永远支持他，陪伴着他。在婚恋关系中，语言问得巧妙，感情就能适时传入对方内心，同时，对方能感受到来自你的体贴与关怀，这对于提升两人之间的感情热度是极有帮助的。

2. 提问重要，聆听更重要

在婚恋关系中，在我们学会提问之前，应该先学会倾听。两个人在一起，不仅仅是分享快乐，还需要分担对方的烦恼，尤其是对于女人而言。也许，有的女人觉得男人并没有什么烦恼，因为他从来没有对自己说过，也没有表现出来。其实，在很多时候，男人学会了隐忍，他们喜欢把烦恼隐藏在心里，表面上看没有什么事情。因为男子汉的自尊让他们觉得，把自己的烦恼告诉女人，这是懦弱的表现，所以他们一向在女人面前表现得很要强，很少显露出自己的烦恼。即便他偶尔会说出自己心中的烦恼，也害怕得不到你的理解，可能还担心你会取笑他。因此，如果他在你面前袒露了自己的烦恼，你需要做一个最忠实的倾听者，做他烦恼时的"接收器"。男人最需要的就是懂他的女人，能够深入到他的心底，了解他心中的喜怒哀乐，明白他的苦衷，他就感到莫大的幸运，对你也会格外珍惜。所以，做一个善于倾听的女人，适时地为他分担烦恼，悄悄地走进他的心里，做他的知己。

虽然我们整天喊着男女平等，实际上并没有真正实现，这就使得男人们担当了大部分的责任。在父母面前，他是孝顺的儿子；在家里，他既是辛苦工作的一家之主，也是孩子的爸爸。所以，不可避免的，他们的肩膀上承担着重担，工作上的压力，生活上的压力，让他们经常陷入烦恼的旋涡之中。作为他身边的女人，有时候很难深入地了解他的心思，但是你的耳朵，是用来倾听的。面对他的烦恼，你不一定需要给予他多少安慰，他最需要的是一个忠实的倾听者，他并不指望你能替他分担多少烦恼，只需要静静地陪着他，听他的倾诉，当他倾诉完，烦恼自然就少了很多，而他也会对你充满感激，至少在他最艰难的时候，是你陪伴他走过来的。

　　丽丽和男朋友相恋两年了，很快就要谈婚论嫁了，在双方见了父母之后，已经把婚期纳入了计划之中。可是，丽丽最近觉得男朋友好像有什么心事，经常一个人坐着不说话，面露难色，问他又不说。丽丽心里很担心，也不知道他到底在想些什么，认识两年来，还是第一次看到他那种样子。丽丽越想越着急，真想自己变只虫子飞进他心里，看看他在焦虑什么。

　　周末，丽丽的好朋友结婚了，丽丽和男朋友都参加了婚礼。在婚礼现场，丽丽见到了很多好朋友，一边聊天，一边喝酒，丽丽虽然与朋友聊得很欢，但她不时地看着男友，发现他正一个人喝闷酒。于是，丽丽借口自己有事就拉着男友先离开了，两个人坐在出租车里，男友靠着丽丽的肩膀，几次欲言又止。小王心里虽然着急，但是她并没有开口问，只是静静地坐着。

　　到家了，丽丽为男友冲了蜂蜜水，男友好像有些清醒了。他看着丽丽，眼里满是深情，一会儿，他说道："可能今年咱们结不上婚了，我老家出了点事情，大哥出车祸了，已经花去了所有的积蓄，连我的存款都给了哥哥做手术，可是，看着你每天憧憬的样子，我觉得不好跟你开口，也不知道怎么跟你父母解释……"男友断断续续说了很多话，丽丽等他说完只说了句："没事，爸妈那边我会说清楚的，现在最要紧的是大哥的伤势，明天我去看看他吧。出了这么大的事情也不告诉我，一个人撑着怎么能行呢？相信我，我们一定会撑过去的，好吗？"男友抱了抱丽丽，在她耳边说："我怕你担心。"两个人紧紧地抱在一起，此刻，丽丽觉得自己就是最幸福的女人。

看着被烦恼困扰的男友，丽丽并没有加以强烈的追问，而是静静地陪着他，等着他告诉自己。虽然，面对男友的烦恼，自己并不能帮很大的忙，但是只要认真地倾听，理解了男友心中的苦闷，这就是最大的帮助。对于每一个处于烦恼中的男人来说，自己并不需要什么帮助，只是在心理上替自己分担一些，那就足够了。因为他们足够坚强，能够凭借你所给的力量振作自己，从烦恼中解脱出来，回归男人的本色。

有时候，可能你会抱怨，他不肯告诉你他的烦恼，你永远也猜不透他在想什么。其实，面对这样的情况，千万不要胡思乱想，他可能觉得你不是能承受他烦恼的人，或许他觉得说出来会影响你的心情。如果是这样，那么你不妨先试着告诉他你的烦恼，让彼此慢慢地渗透信任，这样那些烦恼就会成为小事。

3. 善于询问，做一个贴心人

在婚恋关系中，千万不要忽视自己的言语，它可以完全成就你的另一半。有时候，一个人说出一句经过理性思考的话，就可以改变对方对事情的看法，也会促使其变得更优秀，并产生无比强大的力量。比如，另一半陷入了困境，对他而言，他这时最需要的就是身边人的鼓励。在这个关键时刻，一句关切的询问，一句积极的话语，就可以使他产生惊人的力量。当然，如果你说了一句打击的话，那就有可能成为杀死男人志气的有力武器。所以，在婚恋关系中，要善于询问，做对方的贴心情人。

刘永好，四川新希望集团董事长，他常说："老婆是我的金钥匙。"在刘永好成功的路上，少不了妻子李巍的言行激励。

有一次，刘永好在街上叫卖鹌鹑蛋，竟然遇到了自己的学生，他尴尬极了，窘迫地将头埋得很低，晚上回到家更是唉声叹气。妻子李巍耐心询问："怎么了？发生什么事情了吗？"

知道事实真相的李巍并没有数落他没本事，而是鼓励他："抬起头来！甭管别人怎么看怎么想，经商并不下贱，你要相信你自己，知道吗？"听了妻子的一番话，刘永好的心里满是感激，同时也暗暗地下决心：我一定要干出一番事业。

在亲戚朋友的帮助下，刘永好的事业开始慢慢起步。在这个关键时刻，为了拓展市场，刘永好不得不连夜加班，若是到了鹌鹑蛋销售的旺季，他几乎每天只睡三四个小时，而且很多时候都是半夜12点之后才回到家。当然，所有的艰辛与汗水换来的是硕果累累，刘永好的事业开始有了起色，几个兄弟合伙成立了新希望集团。为了加速企业发展，他们一致决定：所有的夫人回家相夫教子。

这个决定对于妻子李巍而言有些突然，一下子让自己放弃工作还真是难以接受，但李巍还是以自己的行动支持了丈夫的决策。她说："夫妻就是一个共同体，生活就像是在踩跷跷板，一头起来，另一头就要下去。而女人，一定是配合平衡的那一头，这样，感情和日子才能和谐稳定。"于是，她决定让丈夫刘永好去奔跑，她所能给予的背后支持就是给丈夫和儿女一个温馨宁静的港湾。

谈到刘永好，李巍曾说：男人有时候也像个孩子，当他的事业在蹒跚起步或处于困境的时候，他也充满了期盼和犹豫。妻子这个时候更应该像坚强、慈爱的妈妈，在他摔跤的时候扶起他，牵着他的手，给他最温暖的目光和最灿烂的笑容，一定要鼓励他走好每一步。在陪伴丈夫刘永好的途中，这位智慧的女人正是以自己的言行铸就了男人的成功。当丈夫灰心丧气的时候，她用言语进行鼓励："甭管别人怎么想，抬起头来！只要我相信你就够了。"难道不是吗？

在婚恋关系中，有时候难免对方会有心情不佳的时候，这时作为另一半，应该留心观察，注意对方的情绪变化，适时询问"有什么事情吗？""今天工作顺利吗？"假如对方有想聊的兴趣，那就适时询问"因为这件事心情不好吗？"假如对方不愿意继续谈下去，那就停止询问，只需要保持安静就好了。等到对方愿意说的时候，再适时询问。

4. 信任他，不要总是刨根问底

成熟的女性必定有豁达的气度，她将以这种豁达去理解、支持丈夫的事业。夫妻间的感情是以互相信任和理解为基础的，你不相信、不理解丈夫，他凭什么信任和理解你呢？你的丈夫在事业上取得了一定的成就，社会活动肯定会越来越多，交际也会日益广泛，其中必定会接触到年轻漂亮的女性和一些敬佩、崇拜他的女性。对此，作为妻子的你要有豁达的气度给予充分的理解，要相信自己的丈夫，同时既要对丈夫保有警惕，但又不能拎着醋瓶子到处走，不要随便怀疑和无端指责，更不能偷偷摸摸去打听、去调查、去寻找所谓的证据。

每个人都有属于自己的感情世界，这是谁都无法抹去的事实。但那只是人生中的过眼云烟，你不能追溯到过去阻止他或她。因此，无论你面对的是自己的过去还是对方的过去，都应该以一种理性和信任的方式去解决它，而不是把它变成自己生活的负累。重在不愉快的往事会给自己带来伤害，也给对方带来了不必要的痛苦，最终将会导致两个人的感情出现裂痕，因此不要活在彼此过去的影子中。走出痛苦的阴霾，面对现在的美好生活。

小李丈夫的公司来了一位新同事，无巧不成书，这位新同事就是小李丈夫以前的女朋友，她的丈夫没有将这件事情隐瞒，而是坦白地告诉了她。要是别的女人也许在面对丈夫坦白的情况下也会整日惶恐不安，毕竟他们两个曾经是相爱的一对。而小李却是个聪明的女人，并没有介意他们之间的往事，反而和丈夫的旧情人成了朋友。小李有时间就去找她吃饭逛街，两个人无话不谈。彼此的关系变得非常的明朗化。她的丈夫和旧情人死灰复燃的机会当然就变得没有可能了。

我们不得不承认，小李是个聪明的女人。和他的旧时情人成为朋友，总比猜测他们的旧恋情要好得多，把爱情放在最危险也是最安全的地方。两个曾经相爱的人无论因为什么样的原因分开，其间总会有一种难以表述的特殊感情。人的记忆总是习惯记录下美好的瞬间，所以，即使是痛苦的恋情也会变成一段值得品味的回忆。就像电影中经常描述的那样，一个人在30年后见到了初恋情人，仍会有不少故事发生。旧时情人是一种极具杀伤力的武器，随时会导致严重后果。想保护好自己的爱情，没有比和对方的旧时情人成为朋友更好的办法了，毕竟最危险的地方也就是最安全的地方。把她和他的联系，变成两个家庭的联系，把所有隐秘的关系变得透明，不失为明智之举。两个家庭在一起的时候，每个人都希望自己的家庭看起来比对方的家庭幸福，就像两个分子，当其内部的原子紧密结合的时候，便不容易发生反应，这正是期望的结果。

成熟的女性会用细腻的感情去体贴丈夫，并对他的异性友人予以一种无形的"关照"。她知道这不仅这是一种责任，也是奠定夫妻之爱的基础。而这种关照，本身往往就是对丈夫情感的巨大压力。

有个叫玲玲的女人的故事，或许能给我们更多的启示，她说：丈夫有女友已好些年了，我知道这事也好些年了。那时丈夫与其女友是电大同窗，在一个城市，而我在另一个城市。后来丈夫来到了我的城市，他的女友则去了另一个城市。城市不城市的倒没什么，辗转来辗转去，丈夫还是丈夫，女友还是女友。

有一次，我与丈夫散步到了他上班的办公楼前，我突然对他的办公桌抽屉有了兴趣——焉知那里藏了一个男人的什么秘密？我说："你的女朋友最近来信了吗？"丈夫一警惕："前一阵子来了一封，忘了带回家。""能看看吗？""怎么不能？"丈夫做出迫不及待的表情。我笑了："她向我问好了吗？""问了。""既如此，不看也罢。"我把手一挥，很洒脱很大方地转身而去。奇怪的是，后来我把这事作为笑话讲给周围的女士们听时，竟没有一个人相信它是真实发生的。

丈夫与他的女友不仅通信，还相互留有电话号码，那是自然的，他们肯定还要通电话。除此之外，逢年过节，两个人之间还时有精美的或不那么精美的贺卡传递。关于这一切，丈夫似乎并无瞒我之意，所以，我也从不把她放在心上。说真的，我要操心的事多着哩，哪有时间精力瞎捉摸他们的事。

自从丈夫与我做了同一个城市的市民后，偶尔地，我就从丈夫的口里听到了他的女友的一些消息：去了一趟香港啦，在深圳拍了照片寄来啦，女儿唱歌比赛获奖啦……当然这些都不重要。重要的是，这位女友是个离异了的单身女人。这个背景提示给我这样两个信息：第一，丈夫与她交往，没有什么麻烦，至少不会有男人打上门来与他决斗——那样影响多不好呀；第二，丈夫若对她有意，至少在她那方面是没有客观障碍的。知道了这一点，我虽稍有不悦，但转而一想，难道我和丈夫之间的关系还要取决于别的女人的婚姻状况吗？那岂不是太可笑了？于是由它去。

后来，大概是觉得只通过传媒交流感情还有不足吧，丈夫和他的女友还借出差的机会，在这个城市和那个城市见过面。丈夫去见他的女友我自然不在场。奇怪的是，他的女友到我们城市来过两次，我也总是在他们见过面吃过饭谈过话以后才得知，我说你怎么不请她来家里玩呀？丈夫说她忙着走呢，汽车都等在招待所大门外了。我说真遗憾那就下次吧。丈夫说那就下次吧——其实我压根儿也不遗憾。

关于丈夫和他的女友的故事看来还要继续下去。有很长一段时间没听丈夫说起过他的女友了。不过一般来说，我不过问他也不会主动提起他的女友的。当然这话也不全对，比如好几次他和女友见面的事都是他自己回来说的，不然我哪会知道呢？

不过也不是每次都这样。有一次丈夫到北京出差，本可以晚一两天走的，他却执意要提前动身。我说要不要我送你，他说免了免了。当时我就猜他已与女友联系好了，所以不能更改。丈夫走以后，我到婆婆家度周末，一大家正坐着吃饭，说起他来，我说他去会女朋友去了，大家笑得喷饭，以为我很幽默。我说是真的，他的女朋友叫张XX，在哪里工作，离婚好几年啦。丈夫的兄弟媳妇说，那你可要当心哇。我说真要有什么，就随他去好啦。后来丈夫从北京回来，晚上躺在床上，我问他，是不是与女友会过面？他说你怎么知道的？我说这还猜不到呀。这样，我才知道，女友果真到车站接了他，两人还在什么咖啡厅里度过了好几个小时——至于谈了些什么，我没问，也不想问。

据我的观察，这么多年来，丈夫与他的女友也就是个女友而已。即或两人之间真有点儿什么微妙的东西，也是可以理解可以容忍的。因为，人人都会有只属于自己的东西。丈夫虽然做了我的丈夫，他依然有权利为自己的心灵保留点什么，你不情愿、不承认也无济于事。有的男人或女人就是在这点上想不通，给自己的生活增添了许多烦恼——我可不愿那么傻。

玲玲是个成熟的女性，她善于去理解、信任丈夫，也正因为这点，他们夫妻间的感情反而更加牢固。丈夫的女友仅仅是女友而已，她永远不能取代玲玲作为妻子在他心目中的位置。设想一下，如果玲玲阻止丈夫和女友之间的交往，甚至对丈夫疑神疑鬼，监视丈夫的行踪，就完全有可能造成把丈夫推向他的女友的结果。

夫妻间最有价值的理解和信任，是他们增进感情的最有效的渠道，因为这是知己者的欣赏。成熟的女性知道如何用独特的魅力去取悦丈夫。

5. 喋喋不休的追问是一种噪声

在生活中，有的人习惯于喋喋不休地追问另一半，尤其是女人表现特别突出。生活中，有的女人习惯性说："你把这个工作辞了吧，我觉得这个工作对你的事业一点帮助都没有，为什么硬是选择在这里做呢？"还有的女人换了一种方式追问："你的工作真的要考虑清楚，知道吗？就你现在的工资能养活家里人吗？对你未来的提升有帮助吗？"听了这样的追问，男人只会说："工作的事情我自己知道操心，你管好你自己就行了。"其实，男人是最讨厌这种说辞的，喋喋不休的追问会给对方造成一种压迫感，而且也在无形之中形成一种噪声。

吴菲和男朋友相恋半年了，两人从最初的甜蜜走到了平淡的生活。虽然，在刚开始认识的时候，吴菲就知晓男朋友的处境，但一回到现实的生活，她还是忍不住唠叨："我跟着你，已经算是你的幸运了。你有什么呀，我别的什么都不要求，只希望你能买套房子，然后咱们就结婚，我要求很简单的。"一开始，男朋友还会满怀愧疚地说："你放心，我一定会让你幸福的，就算是我苦点累点，我也不会让你过苦日子。"

可吴菲唠叨的次数多了，男朋友就比较厌烦了。吴菲总是抱怨："你现在这样只是安于现状，为什么不换一个工资高一点的工作呢？"男朋友回应说："工资高的工作也不好找啊，我现在这样踏踏实实上班已经不错了，我也没偷懒。"吴菲想到未来的前景，心生黯淡："像你这样，何年何月才能买房子？你让我等到什么时候啊？我真的有点累了，我想找个合适的人结婚了。"一听这话，男朋友生气了："我每天在外面上班已经够累了，回来就听你说这说那，就听你给我提这样的要求、那样的要求，难道这样吵架，就能将房子吵来吗？一生气就说自己想结婚，说了多少次了，你让我心里怎么想，有一天把我逼急了，那你就去结婚吧，我也不管了，我一个人乐得自由自在。为什么你就不能体谅我的心呢？你哪一次关心过我的工作？你清楚我内心的真正想法吗？你总是对我提出这样或那样的要求，给了我很大的压力，在这样的情况下，我还能好好工作吗？"

女人对男人所提出的那些喋喋不休的要求，不仅让男人觉得女人不够尊重自己，而且还会给男人一种压力。在现在这个社会，男人所面临的压力就比女人大得多，作为男人身边的女人，如果还不够理解男人，还要任性地给男人提出许多无理的要求，那只会让男人感到崩溃。大量事实证明，喋喋不休的女人只会成为男人的噩梦。

在老公的眼里，小文什么都好，就是喜欢比较，比较之后就开始抱怨，然后两人就开始吵架。在小文看来，什么都是别人家里的好。她经常在老公面前说："你看别人的老公多体贴，下着这么大的雨，他硬是从城东坐车到城西，接老婆下班回家。你呢，你什么时候去接过我啊？嫁给你真是受委屈了。你说那样的好男人，我怎么没早点遇到呢？""你看邻居的房子，装修得多气派，全是欧式的风格，材料用的都是进口的，人家那口子，多能挣钱，你呢，天天窝在一个发不起工资的单位，别提有多窝囊了。"以前，听到小文的抱怨，老公还会沉默，只是听她唠叨，但听得多了，老公也不服气了，怎么自己就比别人差了？结果，两人又是一顿大吵。

这天，小文回到家，又是一脸的垂头丧气，她说："你看咱们公司同事的老公个个都升职加薪了，就阿丽的老公还被派出国进修去了。瞧瞧你，没出息的样子，我当初怎么就选了你这样的男人啊？"坐在沙发上看报纸的老公气不打一处来，扔下报纸回答道："你除了会抱怨，还会别的吗？你说遇到我这样的人不幸，我看我遇到你这样的人才倒霉。每天在公司已经够累了，回家还听你论这家长那家短的，别人的生活就那么幸福吗？你亲眼所见吗？我是一个活生生的男人，不是你比较来比较去的什么东西。"说完，摔门而去。小文待在那里，半天没回过神来。

她一个人坐在客厅，仔细回忆自己的行为，难道自己真的像老公所说的那样，除了抱怨还是抱怨吗？难道羡慕别人的幸福也有错吗？猛然，她想起了同事对自己的夸赞："小文，我可真羡慕你，儿子聪明伶俐，老公帅气能干，哪像我，虽然老公连连升职加薪，但天天不见人影，这哪是人过的日子呀。"看看自己的家里，温馨整洁，到处都是老公的创意设计，家里的装修全是老公当初一个人设计的，当时自己还狠狠地夸奖了，怎么现在自己就变成这样子了呢？

喋喋不休的追问，在某些情境中，会使你的追问变成嘲讽、讥讽，这样往往会严重伤害双方之间的感情。你在羡慕别人的幸福生活时，为什么不与自己相比较呢，看看自己是否越来越好了，是否离自己期望的目标越来越近了，经常给自己鼓励，同时也鼓励身边的男人，你会发现，自己的生活越过越好。说不定你在羡慕别人幸福的同时，别人也正在羡慕你呢。

在平时生活中，千万不要将一连串的问题抛给对方，这就相当于一群蜂蜜发出的"嗡嗡"声音，相当嘈杂，令人生厌。如果不注意追问的语气，就会使提问变为嘲讽的问句，对方不仅听不进去，而且还会感到非常生气，最后的结果可想而知，很有可能出现因提问不当而影响双方之间的感情。

6. 多赞美，少责问

世人对每一个男人的印象，往往来自他的妻子对他的态度。谦虚的男人是不喜欢自夸的，但是，如果他的妻子在众人面前为他吹嘘一番，只要她能够保持一种良好的风度，那不但无伤大雅，还会引起人们的浓厚兴趣，从而起到意想不到的正面效果。

赞美是一种聪明的、隐藏的、巧妙的"献媚"。生活需要真正的赞美来调和；成功需要赞美来填充颜色。成功正是由于赞美才得以更加耀眼。人在失落时也需要赞美，失败并不是毫无是处，再丑陋的东西也会有美丽的一面。只有认真的发现值得赞美的点点滴滴，人们才能够看到充满阳光的明天，世界也正是由于这些赞美才变得如此扣人心弦，摄人心魄。

在男女相处中就有了这样一个原则：作为女性，不要对男人的要求过于苛刻、过分挑剔，更不要拿别的男人和他来比较，应当温柔地鼓励他、赞赏他，为他打气加油，努力寻找他身上的闪光点。当他把一件很平常的事情做得非常圆满，当他向他的梦想迈出了小小的一步，女人就应该马上赞美他，这个时候女人的赞美不仅仅是一种肯定，而是在向他注射自信，这样也倍增了自己作为女性的魅力。同时，女人的赞美会改变男人的人生观和整个处世方法，让男人感到他有义务和激情去更加努力地工作，为了家庭、为了妻子、为了两个人以后的美丽人生而努力获得更大的成功。

著名心理咨询专家凯苏拉曾救助过一个呆痴的哑巴，他的名字叫艾理。凯苏拉每天注意观察艾理的举止，并及时对他所表现出的任何良好的言谈举止给予鼓励和赞扬，对他最微小的健康表现以及他脸上和嘴上的任何一点微小的动作都给予肯定。一点一点，一天一天，奇迹终于出现了。31天之后，艾理能说话了，能大声读报刊书籍，而且对百分之九十的问题能正确回答。这就是赞美的力量。

此外，女人除了给男人以自信的鼓励和赞美外，还应该对男人主动为家庭做的小事而提出表扬或者口头感谢。譬如：一对夫妇去郊外度过了一个愉快的晚上，妻子说："真谢谢你给了我一个难忘的时光。"丈夫送给妻子鲜花时，妻子就可以说："谢谢你一直记得我的嗜好。"晚餐后丈夫主动收拾碗碟，妻子就说："你辛苦了一天，这么做真叫我过意不去。"等等。这些都是日常生活中的小事，在丈夫做了以后，妻子表示一下自己的谢意和赞美，他会更加乐意去做，也会从中更加体会到妻子的辛劳和温情。成功的女人拥有赞美，也懂得赞美；快乐的女人赞美一切值得赞美的事物，也得到了男人的赞美；懂得赞美的女人，会赞美一切值得赞美的事物。

聪明的妻子务必别忘了这一招：称赞自己的丈夫，夸耀丈夫的特长，表扬丈夫的优点，把丈夫"吹"起来！

一位先生因为单位装修需要购进空调，便给一位经销商打电话询问空调的功能，恰遇这位商家有事不在家，是他妻子接的电话，她在听筒中说："当然，对于空调，我丈夫是个真正的行家，如果您愿意让我安排，我可以让他去您的单位看一看，他可以向您推荐最适合您的空调。"

毫无疑问，当那位经销商前往该单位勘察的时候，一定很成功地谈成一笔业务。

每个人都有自己的缺点，但是，男人的错误只会阻碍了前程，而女人的错误，则会影响家庭和男人在社会上的成功，甚至连同男人的事业也一起毁掉。每个男人被认为有所成就，是个能做一番事业的人，大都是他的妻子告诉人们的。可是，在当今并非每一个妻子都能够心怀爱意地在与别人交谈时赞美自己的丈夫，反而常常不厌其烦地把自己对丈夫的不满抖出来。

某女士就是这方面的"能手"。她的丈夫本是个文人，于是，某女士便成天在别人面前念叨丈夫：弄了一屋子的书，能当吃还是能当喝？根本不会修电视，却偏抱本书冒充内行，结果把电视越修越糟。好不容易下厨房做顿饭，却又把鸡蛋炒煳了，令人难以下咽。某女士把丈夫的缺点和不足暴露无遗，她的丈夫在众人眼里也留下了"傻秀才"的形象。

　　人都有一种倾向，就是依照外界所强加给他的性格去生活。我们在生活中也常常会看到这样的事：对一个小孩子说他很笨拙，他就会变得比以前更加迟钝；如果赞美他有礼貌，他就会对你"叔叔""阿姨"叫得更甜。成人也是一样，假如像他已经成功那样对待他，那么在无意间，他就会表现出超常的能力。因此，每个妻子对自己丈夫的称赞，都是对丈夫的一种激励，这比直接"教训"的言语，更能推动他满怀激情地尽力去把事情做好。反之，如果像某女士那样一味暴露、责备、指责，只会使男人的意志更加消沉，更加自卑，更加无地自容，更加不思进取，并最终一事无成。

　　聪明的妻子能够时时注意到丈夫的长处，还能将丈夫的缺点减低到最低的限度。女人赞美男人时要遵循一定的原则。记住，无论一个男人长得美丑、事业是否成功，他都希望自己在女人的眼里是最棒的，这是让女人的赞美赢得男人心的关键。但女人在赞美男人的时候，要遵循以下四大原则：

　　（1）要有真实的情感体验。这种情感体验包括女人对对方的情感感受和自己的真实情感体验，要有发自内心的真情实感，这样女人的赞美才不会给男人虚假和牵强的感觉。带有情感体验的赞美既能体现人际交往中的互动关系，又能表达出自己内心的美好感受，男人也能够感受女人对他真诚的关怀。

　　（2）符合当时的场景。例如以上对男人的赞美，只需要一句就够，此情此景之时，和对方的想法合拍。

　　（3）用词要得当。女人注意观察男人的状态是很重要的一个过程，如果男人正处于情绪特别低落，或者有其他不顺心的事情，女人过分的赞美往往让对方觉得不真实，所以一定要注重对方的感受。

（4）"凭您自己的感觉"是一个好方法，每个女人都有灵敏的感觉，也能同时感受到对方的感觉。女人要相信自己的感觉，恰当地把它运用在赞美中。如果一个女人既了解自己的内心世界，又经常去赞美男人，相信彼此之间的关系会越来越好。

第七章

提问有禁忌

——不该问的绝对不问

在生活中，每个人都有不愿意让别人知道的事情，即我们平时所说的个人隐私。我们这时候就应该慎重对待，并且机智避开这些敏感的话题，不该问的千万不要问。善于提问并不是一件很简单的事情，那将意味着你所提的问题能够令对方乐意接受，而且，你的问题能够巧妙绕过险境，直入对方心里，继而与之建立融洽的人际关系。

1. 社交中的提问禁忌

在人际交往中，西方有"女士不问年龄，男士不问收入"之说。西方人在与女士交往中，常常对女士大加赞赏却从不问年龄。不过，大部分中国人在这方面不太讲究，经常见面就问女士的年龄、婚姻、收入等，弄得对方不愿意回答，不回答又似乎不礼貌，往往出现比较难堪的场面。在实际社交中，由于人际关系复杂，保留隐私既是个人安全的需要，也在法律保护之列，即便是好朋友，也不可随便乱问。毕竟，这涉及一个人的为人修养，也关系到对方对你涵养的评价。

露露在某商场卖服装，平时除了向顾客推销衣服之外，她最喜欢的事情就是向身边的同事问东问西。

有一次，隔壁柜台的小丽无意间向露露透露对面卖鞋柜台的小丹是一个未婚妈妈，而且孩子的爸爸不知道去哪里了。从此，露露有事没事就跑到小丹那里去聊天，好像很关心地问孩子的近况。

最开始的时候，小丹对露露的关心比较感谢，毕竟关心自己的人并不多。慢慢地，小丹发现露露越问越多，不但问自己是如何跟孩子的爸爸认识的，还问自己为什么孩子的爸爸不见了，究竟是什么原因。小丹认为这是非常隐私的问题，就没有跟露露说。露露问了好几次都没有结果，心里很是不满，并把小丹的事情告诉了卖场的其他人。

小丹怕自己的事情被越来越多的人知道，赶紧让露露过来，让她不要再多说。没想到，露露对小丹说："其实我这也是关心你，你不让我说也可以，那你必须告诉我孩子的爸爸究竟是为什么抛弃你们母子俩？"无奈的小丹只能吞吞吐吐地说出一些内情，结果，这次露露忍耐了几天，没有到处说说小丹的事情。不过没过多久，露露又开始问："那孩子的爸爸现在在干什么？你们还有联络吗？"小丹见露露越问越多，索性就不理她了，岂料露露把这件事传得沸沸扬扬，满城风雨。

非常生气的小丹在后悔之余，只能辞职离开这个是非之地。

在生活中，对于一些不懂得社交言谈禁忌的人需要注意了，假如你经常有意或无意地打听对方的家世背景、打听对方的工作进度、打听对方和其他同事之间的关系，最后，将对方的家庭背景作为自己茶余饭后的谈资，工作进度成为所有同事乃至领导都知道的"秘密"。那么，最终，你会变得一个朋友都没有，所有的人都会离开你。

我们在社交场合谈话、闲聊时可以尽量轻松愉悦一点，但同时也要懂得一些问题是不可以随意提出来的，否则容易导致大家都很尴尬、难堪，或许觉得你本人不够成熟稳重，影响以后与重要朋友的来往。有些人极可能因为一个不合宜的问题或者不愉快的一面，就决定不和你深交，损失就惨重了。

清朝雍正皇帝喜欢观看杂剧，如果他觉得哪个杂剧演得好，就会赏赐一些东西给演员。一次，他观看了一出很精彩的杂剧，因为杂剧的曲子很不错，演员们的演技也很好。于是，雍正便亲自赏赐一些美酒和食物给演杂剧的演员们。因为剧中人物郑儋是常州的刺史，于是，一个演员便问雍正："现在的常州令是谁？"雍正立即大怒："你一个优伶之辈，怎么可以大胆问起官吏之事？此风实不可长。"便命令人将那位演员在阶下乱棍打死。

那位演员只是好奇地问了一句，哪知那句话本来就不是他该问的。所以，他的一句话就为自己招来了杀身之祸，因为一句话，自己就命丧黄泉了。所以，说话一定要适当，不该说的一定不要说，谨防"祸从口出"。

日本电影《望乡》中阿琦婆在回答女记者的询问时，有一段话说得十分精辟。她说："每个人都有自己的事情，别人愿意告诉你的，即使你不问，他也会告诉你；而他不愿说的，你最好也不要问。"

我们经常在电视上看到一些访谈节目，有些主持人为了让节目好看、有轰动效应，就不管不顾地专挑对方的隐私下手，甚至将对方的伤疤揭开让观众看到血淋淋的所谓"真相"。或许节目的目的是达到了，但是这样提问总是让人看着于心不忍，甚至出离愤怒。著名主持人张越的节目从来都不会这样，因为她会以尊重和真诚的心去和对方交流，她让对方感觉到的是一个好听众、一个能够倾诉和心灵互通的倾诉对象。所以，她不会刻意去挖什么，只是巧妙地引导对方尽情倾诉就可以了。

所以，我们必须要认识到。交流是以尊重和平等为前提的，必须尊重交流对象最起码的人格和尊严，决不能把对方当成你砧板上的鱼，你也不是那个拿刀的人。交流一旦失去了这样的前提，那就注定不会是畅通的。对方或许不会面对你的提问当场拂袖而去，但至少会口不对心，乃至闭口不言。所以，在尊重和平等的前提下，巧妙地避开"雷区"，提问才能达到预期的效果，交流也才能顺畅地进行。因此，该问和不该问的要区别对待。

那么在社交场合中，哪些话是不可轻易问的呢？

（1）涉及到隐私的问题不要问。

在交谈中，为了避免引起对方的不快，一定不能问隐私方面的问题。比如"哪年出生的？""每个月收入多少？""你现在有多少斤？""你怎么还不结婚呀？""你是不是和某某在谈恋爱？"，诸如此类的问题。

因此，在问对方之前，要首先将问题在自己的头脑中过滤一遍，把那些有可能引起对方不快的问题过滤掉。如果在交谈过程中遇到了，要尽量避免，如果避免不了，也要很委婉地问，最大程度上减少对方的不快。这样对方不仅会乐意接受你，还会因你在应酬中得体的问话与轻松的交谈而对你产生好印象，为继续交往打下良好的基础。

（2）争议性及敏感性话题要避免。

每个人看问题都站在不同的角度上，因此总会得出不同的结论，小到对一件事的看法，大到对宗教、政治、党派的信仰，这些结论往往没有正确或错误之分，仅仅因为人们的世界观不同而不同，动不动就对交往对象的宗教信仰、政治见解品头论足，甚至横加责难、非议，或是将自己的观点、见解强加于人，都是对交往对象不友好、不尊重的表现。而这样的争论往往谁也说服不了谁，改变不了谁，结果只能是不欢而散。所以这类话题最好避免。

（3）对方不知道的问题最好别问。

如果你不能确定对方能否充分地回答你的问题，那么你还是不问为佳。比如你问一位医生："去年发生在本市的肝炎病例是多少？"这个问题对方很可能就答不上来，因为一般的医生谁也不会费神地记住这些数字。要是对方回答说"不清楚"，就不仅使答者失体面，问者自己也会感到没趣。

（4）有些问题不宜刨根问底。

比如，我们关系对方的身体，可以问："最近身体怎么样？"如果对方回答："不是很好，前一阵子住院了。"这时候最好不要接着问："得的什么病呀？"一般来说，对病症都是比较忌讳的，更何况如果是一些难以启齿的病的话，你的追问只会让对方更加难堪。如果对方不介意，自然会主动和你说，他也想找个人倾诉一下生病的郁闷心情。

（5）害人的谣言不要问。

相信绝大多数人都讨厌那种到处散布别人谣言的小人，尤其是当我们成为那些可怕的谣言的主人公，而这些不利的谣言又给你的生活和工作带来很多不必要的麻烦时，你对谣言更是恨之入骨。你一定不想成为这样让人恨的人，所以，当你要开始谈论这些闲话之前，请先思考一下，无论是"添油加醋"，还是"原原本本"，一旦说出口都会对他人造成伤害，所以还是沉默为妙。如果有别人想继续讨论这些闲话，你还可以准备一些有趣的话题转移大家的注意力，你的这个举动说不定还会让在场的人佩服、尊敬。当然，追问谣言的真实性就更不可取了。

2. 对方的苦衷不宜多问

最成功的倾听者，他知道自己什么时候认真听，什么时候开口问，该问什么，不该问什么，方方面面都能够拿捏准确。他会让说话者觉得，他就是一个贴心的听众，能够及时地照顾自己的心理。而对于我们来说，倾听对方说话，也需要达到这样的程度。

有时候，对方会向我们倾诉内心的苦闷，发泄内心的情绪，这时我们只需用心倾听，用心理解就行了，对于对方内心的某些苦衷，最好不要开口询问。毕竟社交的关系不同于朋友之间，对方有自己的苦衷，他不想也不愿意将这些苦衷告诉任何人，即便你是他最信任的人，他也不会开口对你说，因为某些事情只适合隐藏在心里，他说了，他的自尊在你面前就削弱了。所以，在日常沟通中，我们需要了解对方的苦衷，对于一些话不要问。

公司的董事长已经年近60了，但他对公司里的大小事情都是亲力亲为，每天按时到公司报到，视察车间工作，关心员工，等等。每每看到这位慈祥的老人，员工们都感到一种莫名的感动，尤其是在董事长身边多年的司机小宋，因为这么多年以来，他一直待在董事长身边，亲眼看到了董事长经历了许多事情，私底下，他与董事长就好像一对老朋友一样。

车子平稳地行驶在宽阔的马路上，董事长突然开口说："小宋，你知道最近员工们都在议论什么吗？"小宋摇摇头，其实他当然清楚，最近，公司里的许多员工都在议论纷纷：为什么董事长这么大年纪了还亲自管理公司？好像从来没看到过董事长的接班人？董事长感叹一句："我那个不孝的儿子，也不知道到底要折磨我到什么时候，我已经没有力气接管这个公司，可他一直在国外，不肯回来，我也不知道接下来该怎么办。"

小宋当然知道，董事长所说的不孝子，也就是公司未来的接班人，但因多年以前董事长夫人过世，儿子对董事长充满了怨恨，大吵一架后去了国外生活，这么多年虽然董事长亲自过去看他，请他回来，但那位少年性子太倔强，一直不愿意回来接替董事长的位置，这也是董事长一直忧虑的原因。但他并没有开口问，也没多说，只是安慰道："或许，有一天他想通了就会回来了。"

案例中，当公司里很多同事都在议论董事长家里的事情时，作为多年跟随董事长进出的司机小宋自然深知其中的秘密，但他知道这是董事长内心的苦衷，因此当董事长问到他的时候，小宋假装不知道，不是他真的不知道，而是他怕勾起董事长内心的牵挂。后来，董事长主动说到了自己的儿子，小宋司机也没有多问，只是说了一句安慰的话，因为他明白，他只需要理解董事长的苦衷就够了。

与其他人一样，领导者内心也有很多烦恼，可以说他们的烦恼比我们还多，因为不管公司里的大事小事，他们都在操心。处于领导这个位置，他们所遭受的压力比任何人都大，他的任何一个决策都将影响公司的发展，因此，他不得不步步小心，步步为营。在现实工作中，我们只看到领导表面风光的一面，却难以理解其背后的艰辛。

这天中午，小张去办公室向经理递交文件。就在经理看文件的时候，小张随口说了一句："最近也不知道小李怎么了，工作也没精神，今天早上竟然破天荒地迟到了。"经理头也不抬，应付道："估计是他自己出什么事情了吧，调整调整情绪，应该很快就会恢复正常工作的。"

小张听了经理的话，并没有停止说话的意思，而是越说越起劲："也不知道出什么事情了？好像我听说是跟女朋友闹分手，其实我们一起工作一两年了，我也多多少少了解他跟他女朋友的情况，两人大学就开始好上了，但大学毕业后，现实问题就摆在了面前，房子、车子、钱，这些都是问题。小李跟我一起进的公司，那会儿跟他女朋友感情还很好呢，结果不到半年，就听闻有个富二代在追他女朋友，刚开始，他女朋友坚定拒绝，可后来，兴许是被这个世界迷惑了，竟然决定要和小李分手，这不，小李这两天正痛苦着呢。"

经理已经看完了文件，签了字，但他又注意到小张所说的话，经理似笑非笑地看着小张："看来，你在办公室人缘不错嘛，同事的事情你都知道得一清二楚。"听到第一句话时小张还笑呵呵的，但听到第二句话，他就脸红了，这才意识到自己不该在领导面前说小李的这些事情，现在，领导算是对自己有看法了。

通常情况下，那些随意说同事的隐私的下属，在领导面前，无非只有两个标签：说三道四、不可靠。如果你连自己的工作都没做好，就去说这些事情，那领导更有理由责怪你："不好好工作，却是乱嚼舌头根子。"到时候，只会让领导心生厌恶。

在日常交际中，人们总因为事业或生活遭遇一些烦心事，如事业遭遇"瓶颈"；家庭不和睦；儿女升学问题，等等。通常情况下，人们总会将这些事情埋藏在心底，不愿意在被人知道。当然，有时候，人们也会因心里太过苦闷，而向身边的人吐露几句，以解内心苦闷情绪，这时我们作为听者，应该善于了解对方的苦衷，对于一些问题，不宜多问。

3. 问什么也别问别人的隐私

每个人都有自己的秘密，都有一些压在心里不愿为人知的事情。在朋友之间的闲聊调侃中，哪怕感情再好，也不要去揭别人的短，把别人的隐私公布于众，更不能拿来当做笑料。

每个人都有一些不愿让外人知道的事情，如经济收入、健康状况、年龄、经历等，因人而异。与朋友相处时，对他的隐私我们要给予绝对尊重，不能认为这是朋友对你的隐瞒而千方百计地探问，否则，很可能与朋友产生间隙，甚至导致关系破裂。

没有尊重就没有友谊，就好像没有基石就不可能筑起大厦一样。那么，尊重从何开始呢？心理学家告诉我们：尊重只有在自尊自爱的基础上才能产生。

做他人的朋友也意味着做自己的朋友。自尊自爱是件有益的事，人人都应当自爱。懂得自爱的人往往关心自己，这不仅是交际中的重要之事，也是为人处世的重要之事。

隐私权在西方社会是一种很普遍的公民权利，是最基本的人权之一。比如自己的私生活，一般不会让朋友过问；自己的财产，也不会轻易向朋友公开；除非受到邀请，是不会随便去朋友家中"串门儿"的；除非相约，是不会与朋友一起"吃一顿"的……

事实上，对隐私权的保护，我国早已有之，古代圣贤大儒均视其为人性的基本部分，对其极为尊重。从我国的建筑风格来看，无论王侯豪宅，还是百姓草堂，外皆有高墙围护，内设院落分隔，既有曲径相通，又有门窗相隔，无非是为保护自己有一个相对幽静、自由的空间，免受烦扰，放松身心，这不就是在保护隐私吗？

苏苏是出了名的"大嘴巴"，她总喜欢追问人家："工资多少？""你今天干什么了？""昨天看你眼睛红红的，怎么了？跟老公吵架了？"然后，她就跟自己的好朋友分享一些"新闻"，那些"新闻"也就是谁又离婚了、哪位同学又傍了个大款、谁的老公在外面又有外遇了。苏苏总是热衷于这样的话题，似乎看着别人家庭的不幸就是自己最大的快乐。只要一有风吹草动，苏苏就急忙约上闺密一起谈论这些事情，并在一起讨论、分析。

有一次，苏苏在外面喝茶的时候，偶然看见办公室同事美琳的老公正与一位年轻貌美的女子喝茶。苏苏想起美琳平时总是心高气傲，还逢人就夸自己老公如何如何能干，现在看到她老公做出这样的行为，苏苏不禁暗暗发笑。次日上班的时候，"大嘴巴"苏苏就跟办公室的同事分享了这一"新闻"，正在大家津津乐道的时候，美琳脸色阴冷地走了进来。原来，美琳在卫生间正巧听到了苏苏跟同事说起这事，到了办公室，又听见苏苏放肆地谈论此事，本来心气就很高的美琳怎么能容忍整个办公室的人都在谈论自己老公的桃色新闻？

美琳当天就请假回家了，之后一直没有来上班，有人说她辞职了，也有人说她离婚了。而办公室的同事看见美琳的遭遇都对其报以同情，而对总打探他人隐私的苏苏开始敬而远之了。

像苏苏这样喜欢打探他人隐私的人，无疑让身边的人感到憎恶。一个人如果不善言辞，人们只会觉得无趣而不会对其厌恶；如果他比较健谈，那么只会对你有好感；如果一个人总是口若悬河，满嘴流言蜚语，总想打探对方的隐私，那身边的人只会对其敬而远之。

汉朝的张敞是一个高官，更是一个情种。他与妻子恩爱非常，还常常为妻子画眉，一时，在京师长安传为佳话。但有伪道学先生以此为"有伤风化"，竟向皇帝告了御状，想让皇帝摘下"道德败坏"的张敞的乌纱帽，以"匡正世风"。但皇帝并不听伪道学先生的使唤，他不仅未责怪张敞，反而当着文武百官的面说："画眉是夫妻间的事，我管不着。夫妻间还有比画眉更亲密的事儿，我也去管吗？"显然，这是在保护张敞夫妻的隐私。

朋友满腔忧愁时，找你倾诉和宣泄一番，这是他对你的充分信任。在这种情况之下，你最好做一个良好的聆听者，冷静地为他分析，帮他调整情绪，平缓一时的冲动。但是，最为关键的一点是，在聆听之后，要尊重朋友，切不可泄露了隐私。

同样，当你碰巧获知朋友的隐私后，切莫将它作谈资，广泛散布。毕竟，每个人都有自己的自尊，一旦这层保护膜被你捅破之后，你将落个"小人"之名。所以，这时，宜采取的最好的办法就是装糊涂。

北宋时期，司马光在当朝时受人拥戴，其中很重要的一点就在于他诚信待人，别人有困难找他帮助或倾诉时，他总能为人保守秘密。当时，朝中有位大臣叫韩克，与司马光是好友。有一次，韩克的儿子偷了家里的银子去参与赌博，被发现后，韩克又是打又是骂，却起不了什么作用。在苦恼之余，他去找司马光，希望司马光能为他想点办法。

司马光诚恳地聆听了韩克的倾诉之后，教了他一个办法。韩克听了很高兴，可是转念一想，家丑已被外人所知，心中顿有焦虑之念。

　　然而过了很久，韩克都未听到朝中大臣的议论及有关此事的影射之言，才知道原来自己的想法是多么的荒谬，在后悔惭愧之余，韩克更加信服了司马光，成了朝中司马集团的重要人物。

　　司马光在处理朋友关系时，就很好地保守了秘密，不但帮了朋友的忙，还保守了朋友的秘密，最后使朋友为之信服，两人的关系由此又前进了一步。

　　嵇康在《家诫》一文中，告诫后代不要打探别人的隐私；不要轻易接受别人的遗赠。嵇康在文中说，每个人都有公事和私事，千万不要打探别人知道的东西。因为假如对方知道我们知道他所知的东西，就会对我们有所忌讳。每个人都有不愿意公开、不希望别人知道的事情，这些事情被称为隐私，隐私往往关系到一个人的名誉和尊严。所以，我们不仅不能有意地去打听、窥伺别人的隐私，即便无意中发现了别人的隐私，也绝不能张扬，这是对人最起码的尊重。

　　在生活中，即便我们无意中知道了对方的隐私，也不要大肆议论。不少人往往只图一时的痛快，只是为了满足自己的虚荣心，就开始无所顾忌地大发言辞。至于自己所说的话会给他人带来什么伤害，他根本不会理会，更不会担心所带来的后果。于是，在茶余饭后，或在工作休息的短暂时间里，他们就开始结群搭伙地海聊开来。她们所谈论的话题无非是谁即将辞职了、哪个主管又有了新欢、隔壁部门新来的同事有什么特别的怪癖等一些有关于他人隐私的话题。在他们看来，这些话题可以缓解工作带来的压力，也可以满足自己内心的欲望。他们以他人的是非话题作为自己的谈资，以谈论他人的隐私、伤疤作为自己的快乐，通过在背后谈论他人来满足自己的口欲。

在日常交际中，有一些隐私话题是沟通的"雷区"，稍有不慎就会粉身碎骨，所以，我们应该尽可能地避开这些危险区，避开一些敏感、危险的词汇，这样才能促使沟通顺利进行。

4. 对方的缺点和短处不能问

我们都知道，人体有许多要害部位，甚至有些地方一旦受到了重击就会失去性命，比如说软肋。什么是软肋？软肋就是别人的短处，或者是别人最不愿意提到的话题，那些事情就是当事人身体里最脆弱的肋骨。在生活中，可以说每个人的心里都有那么一根不想被人伤及的软肋。就好像每个人都有软肋一样，其实每个人都是有缺点的，难以做到十全十美，在他的工作或生活中，总会出现一些缺憾。在日常交际中，大多数人最不愿意和别人提到的就是自己的缺点和短处。每个人都想在人前保持完美的形象，这是不可侵犯的，他们不允许任何人抹黑自己的形象，尤其是说到自己的短处或软肋。因此，每一个人都应该记住：对方的

问话 的技术

软肋是提问的禁区。

      19世纪30年代，美国经济大萧条。一个17岁的女孩好不容易找到了一份工作——在一家高级珠宝店做营业员。虽然工资不高，但是女孩非常珍惜这份工作，因为她必须靠这份工作来贴补家用。

      圣诞节前夕，珠宝店非常忙碌，女孩正在整理柜台上的戒指时，进来一个中年男人，衣衫褴褛，满脸落魄，贪婪地盯着那些高级珠宝。

      突然，电话铃响了，因为着急接电话，女孩一不小心碰翻了一个盛放珠宝的碟子，六枚精致的钻石戒指，瞬间全部落在了地上。女孩急忙俯身寻找，但却只找到了五枚，第六枚怎么也找不到了。

      这时，她看到那个男人正朝门口走去，顿时，她知道第六枚戒指在哪儿了。

      当男人的手即将触碰到门把手时，女孩柔和地喊了一声："对不起，先生！"

      男人身形顿住，转过身来，双方对视，足足有一分钟的时间，然后声音颤抖地问："什么事？"

      女孩没有说话，男人的手不自主地伸进口袋，粗声粗气地再次问："什么事？"

      女孩低着头，神色黯然地说："先生，这是我的第一份工作。唉！现在这个年代，找一份工作可真难，您说是吗？”

男人不语，也低头沉思了良久，忽然一个温和的微笑浮现在他的脸上："是啊！的确如此。但是我相信，你在这里一定会做得不错。"说着，男人向前走了一步，把手伸向女孩说："我可以为你祝福吗？"

女孩立即伸出了手，温柔地微笑着，紧紧握住了男人的手，用十分柔和的声音回答："也祝你好运！"

随后，男人转身离开，女孩目送他的身影消失在大门外，然后转身回到柜台，轻轻放下手中的第六枚戒指。

那男人毋庸置疑是一个贼，但是女孩却用一种十分巧妙的提问保全了他的颜面，最后不仅找回了戒指，还得到了对方的祝福。试想一下，当时女孩不顾一切大喊起来，被逼得走投无路的男人说不定会做出什么穷凶极恶的事情，最后危及自身的安全。所以无论什么人，心中都有善恶，都需要颜面，假如你能既指出对方的错误，又保全他人的面子，那么对方心中的善良就会被唤醒，就会用善意来回报你的好心，从而皆大欢喜。

王小姐是一家公司的员工，从事文秘工作。她是一个聪明伶俐的小女孩，总能给予别人真诚和无私的帮助。但是，像这样一个有着很多优点的小女孩，却无论如何也不能得到别人的喜欢，相反地，还有不少人在远远地躲着她，在一些朋友聚会中也会故意"忘记"招呼她。这主要是因为王小姐的性格比较爽朗，经常喜欢开一些过分的玩笑，常常让朋友们感觉下不了台。

有一次休息的时候，她的一个同事神秘地说："你们看看这张照片是谁的？"等大家挤过来看的时候才发现是一个橘子皮，顿时感觉索然寡味，都退回到了自己的座位上，而王小姐却大呼小叫地说："你拿李建的照片做什么？"这下子，李建感觉受到了莫大的侮辱，气的涨红了脸，而一些好事的同事就给李建起了个"橘子皮"的外号。从此之后，李建见到王小姐就远远地躲开。

还有一次，一个同事穿着一身新西装来到公司，别人都微笑友好地夸奖道："您今天可是真精神啊，这件衣服很适合你。"这时候王小姐又口无遮拦地说："你这件衣服也太不上档次了吧，是不是今年的款式还说不准呢。"那位同事对服装是十分讲究的，听王小姐这么一说，脸色顿时变得铁青。

王小姐不仅对同事这样，对老板也同样如此。有一次，老板和客户签协议，客户看到老板龙飞凤舞的签名之后，夸奖道："您的签名可是真气派呀！"老板刚想谦虚几句，没想到王小姐却不知趣地抢过话头："我们老板练了三个多月了，能不气派吗？"此言一出，让老板和客户都陷入了巨大的尴尬之中。

王小姐之所以不被朋友们所欢迎，原因就在于她不懂得如何去尊重别人的软肋，以为讲一些肆无忌惮的话能够活跃气氛，无伤大雅，而最终的结果却表明了她的做法和想法是错误的。每个人都有自己的性格，各自所敏感的东西也不尽相同，我们在交际中一定要注意尊重对方的人格，在谈吐之间尽量不要涉及对方的敏感地带。我们应该记住：无论在哪里，攻击对方的软肋，谈论对方的缺点，那都是致命的错误，可以直接导致沟通失败。尤其在办公室里，本来是非问题就比较多，如果你不在这里好好工作，而是胡说八道，谈论他人的软肋，那无疑是自毁前程。或许，你会觉得私底下与同事说很安全，错了，跟同事说，你的那些话一样会有机会传到领导耳朵里，因为职场无朋友。你以为很好的同事，其实恰恰就是出卖你的人。

《菜根谭》里有这样一句话很有道理："径路窄处，留一步与人行；滋味浓时，减三分让人尝。"这句话的意思就是在告诉我们，言语沟通时的提问要先考虑一下别人，一定要坚持一个原则，不能够在别人面前口无遮拦，更不能为了一时的心直口快而触及别人的敏感区，让别人下不了台

5. 提问时开玩笑要适度

俗话说："人上一百，形形色色。"开玩笑要看准对象，人们之间可以适当开开玩笑活跃气氛，融洽关系。但提问时开玩笑

一定要适度。

在生活中，某些人很喜欢开玩笑。但是由于玩笑过了度，把调节气氛的幽默变成了黑色玩笑。这些过了度的黑色玩笑是不会被人喜欢的。爱开黑色玩笑的人被习惯性地认定是"刻薄"的人，容易引起他人反感。开玩笑也要看对象，同事之间可能笑过就算了，但老板的尊严是绝对不能冒犯的。如果想在老板面前留下好印象，就要学会宽容，学会发掘别人的优点，慢慢改变在老板眼中"刻薄"的形象。

张小姐是一家公司的外勤人员，是个聪明伶俐的女孩。她脑子灵活，言辞犀利，还有丰富的幽默细胞，无论到哪儿都是颗"开心果"。但如此可爱的张小姐，却得不到老板的青睐！

张小姐工作非常努力，有一次她加了一整夜的班，第二天一大清早赶到公司。满身疲惫的她还被不分青红皂白地批评，说她工作不够仔细、状态差等等，任她怎么解释都不行。张小姐委屈极了，向比较谈得来的老员工请教，对方反问她说："想想你平时有没有在言词上对老板不敬啊？"

这么一问，张小姐想起来了，自己平时就爱与同事开玩笑，后来看老板斯斯文文，对下属总是笑眯眯的，胆子一大，就开起了老板的玩笑。有一天，老板穿着一身新西装来上班。别人都是微笑地对老板说：您今天真精神啊！只有张小姐夸张地大叫："老板，你今天穿新衣服了！不过款式好像是去年流行过的啊！"现在回想起来，当时老板的脸色真是特别难看。

想到这些，一向快言快语的张小姐再也高兴不起来了。原来这就是她虽然聪明能干，却无法受到重用的原因。

开玩笑的确可以拉近同事间的距离，缓和人际关系，但如果玩笑有人身攻击的成分，就是黑色玩笑了。黑色玩笑对人际关系的破坏力很强，黑色玩笑的背后往往隐含着一个人性的弱点，任何人都不会笑着面对被揭开的疮疤。

开玩笑本是人与人之间交往的润滑剂，玩笑开得恰当、得体、幽默、风趣，会为周围的人带来欢愉。但许多人因为玩笑开得出格而导致朋友反目，甚至闹出流血、人命事件。可见，开玩笑也要把握尺度，讲究对象、语言和方法。

一忌揭他人短处。将对方生理缺陷、生活污点等鲜为人知的短处当做笑料——抖出，会严重伤害对方的自尊心。

二忌怀着讥讽的心态。如果开玩笑的出发点是为了贬低对方，指桑骂槐，达到抬高自己的目的，那就大错特错了。

三忌带着污语说话。一出口便是一嘴脏话秽语，自以为豪迈，其实不仅自降人格，还惹得对方心中不快，周围听众避而远之。

四忌涉及他人隐私。开玩笑常常会无意中涉及对方生活、工作上的隐私，如此时恰逢对方的恋人、亲人尤其是上级在场，很容易造成言者无心，听者有意，坏了对方的"好事"。

五忌动手。有道是"君子动口不动手"，觉得嘴上没搞定对方，就用武力解决，导致双方恼羞成怒，闹出两败俱伤的惨剧。

六忌把人逼进死胡同。"将军"是象棋中的一句术语，是把对方逼到绝境的意思。如把一些力所不能及的事当成笑料，并再"将对方的军"、让对方去做，而对方又正是一个要面子的人，众目睽睽，只好顶风为之，结果发生意外，以悲剧收场。

七忌拿人做笑柄。俗话说得好，"话说三遍淡如水"，总开重复的玩笑，对方以为是跟他过不去，心中忌恨，反目成仇。

八忌刨根问底。将一些流言蜚语作为开玩笑内容，并步步紧逼，刨根问底，惹得对方反感至极。

九忌庸俗无礼。拿一些下流或私生活上的事作为笑料，既显得自己没素质，又搞得对方下不了台。

十忌捉弄他人。搞恶作剧，哄骗对方突发不幸、惊喜之事，待水落石出看到对方被捉弄惨相后，幸灾乐祸。

当你开玩笑的时候，只要远离上述"十忌"，你就会得到朋友们的喜欢，周围人的欢迎，你一定会成为一位传播快乐的使者，成为人际关系中的受欢迎喜爱的人。

6. 不要将提问变审问

在生活中，许多人总是喋喋不休地追问："你叫什么名字？""为什么叫这个名字？""你家住在哪里？""那个地方好像很远呢？你是怎么来的？""你在做什么工作？""这个工作全靠口才，你是怎么做到的？"……他们类似这种喋喋不休的审问简直比唠叨的唐僧还可怕，只把人问得彻底崩溃。这样的人在实际沟通中，凡事总以自己为中心，只希望满足自己内心的欲望，但他们却不会理会别人的需求，表现得非常自私，只懂顺着自己的好奇心不断地追问下去，从来不为别人着想。这时我们需要记住，对方并不是犯人，千万不要将提问变成审问。

小张平时是一个习惯什么问题都打破砂锅问到底的人，他对任何人都是一样。平时，同事只要听到他开始询问了，就马上找个借口离开了。

有一次，他问公司的老员工孙主任："孙主任，你当初是怎么顺利通过实习的呢？"孙主任回答说："我只是做好自己的分内之事，做好自己应该做的事情。"这时小张又问："那你当时的工作任务困难吗？"孙主任笑着说："和

209

你现在做的工作差不多。"

　　然后，小张开始喋喋不休地发问："你实习期间都学到了什么？""当老板决定重用你的时候，你很高兴吗？""你当时在公司经常参加聚会吗？""正式上班后，你在哪个部门？""你现在这个职位是如何一步步来的？"

　原本心情还不错的孙主任听了这一连串问题，彻底表示无语了。他完全没有任何兴趣来回答这些问题，只能用简单的"啊""嗯""哦"之类的回应。

　　习惯不断追问的人，其性格是以自我为中心，这是他在身心发展过程中随着个性的发展而形成的，是自我意识发展的畸形产物。一般而言，一个人习惯喋喋不休的审问式提问，往往是由于其太以自我为中心、内心缺乏安全感，或者性格比较强势而形成的。在上面这个案例中，李主任之所以会心生不悦，就是因为小张喋喋不休的提问，让他有一种被当作犯人一样的感觉。所以，当他情绪变得不佳的时候，他便没什么心情回答问题了。

　　王志成功地采访过零口供的死囚，在不动声色之间问出了对方的心里话。

　　采访贪官胡长清时，是在伏法的前一天，胡长清已经不再开口说话。王志给胡长清递了一杯水，然后把来意告诉了他：“退一万步来说，你还留了你的声音在这个世界上，让大家看到一个真实的胡长清是怎样的，不像小报上说的胡长清有十几个情人，或者贪污了几千万，你自己说出的话可能更权威一些。”这个说服过程只花了短短的几分钟，结果采访进行了3个小时。

王志的话只不过是简简单单的几句，没有任何华丽的辞藻，没有长篇大论的阐述，但是就是这看似简简单单的几句话，却打动了已经决定不再开口的对方。原因在于，王志说话的出发点是善意的，没有像其他采访的媒体那样，是奔着挖猛料来的，首先，不让对方讨厌；其次，为对方着想，给对方展现内心的机会；当然，平等、和善、交流的态度也是很重要的原因。

在生活中，我们经常听到警察问人："家住哪里？""家里几口人？""在哪里工作？""今天在干什么？""那天你在哪里，跟什么人在一起？"……这些问题不管是连续性，还是提问的语气，都称为审问，因为不想给犯人思考的空间，所以问题是连续不断的，这让犯人有一种压迫感。当然，这种审问式的提问对于警察而言，有一种特殊的情境，所针对的是特别的当事人。

在日常交际中，假如我们还使用喋喋不休的追问式提问，那对方并不愿意听到你的问话，或者即便对方有足够的时间来回答你的问题，但在面对一连串的审问，他们根本没有回答问题的兴致。有时候，适当地提问一两句反而产生好的效果。

一天，"化妆品女皇"玫琳·凯在海边看到了一位坐着的女孩子，她的脸上布满了忧虑和哀愁。热心的玫琳·凯微笑着走上前去，亲切地对她说："您好，我叫玫琳，能跟你说几句话吗？"对于她的热情，女孩子并没有理睬，别过头去，依然是满脸的冷寂落寞。玫琳·凯并没有生气，而是继续温柔地说："虽然你心情非常糟糕，但你依然很美。你有什么伤心痛苦的事情，可以跟我说说吗？"

看到玫琳·凯真挚的表情，小女孩对她有了好感，就向她倾诉起来。而玫琳·凯在认真地倾听着，用鼓励的眼光示意她说下去，并且不时地点头。最后，那个小女孩说，今天走到海边，就是准备自杀，因为那个曾经和他相爱的人，在飞黄腾达之后就把她给抛弃了。

玫琳·凯听后，十分同情这个小女孩的遭遇，气愤地指责那个男人的忘恩负义。最后真诚地对她说："你一定要振作起来，为了一个忘恩负义的男人去死实在不值得。你长得这么漂亮，连我都要喜欢上了，更何况是男人呢？我相信，你一定能够找到一个值得你依靠的男人。"

女孩终于想开了，感激地对她说："我感觉今天才算真正地发现了自己，从来没有人跟我说过这么多话，在你的开导下，我才发现，活下去是多么美好。"

在痛苦、磨难、疾病、挫折面前悲观、失望、伤感的人，他们的情绪都是受到感情支配的，这时候假如我们用真诚的问候，对他进行劝慰，那对方就会减少一些敏感和抵触心理，自然会听从我们的劝导。但是，假如在对方情绪不佳的时候，我们还是以审问的方式进行提问，反而会引起对方的反感。